5

★ ★ ★ ★

부산의 다방

추억을 마시다 공간에 스며들다

부산문화재단
BUSAN CULTURAL FOUNDATION

부산문화재단
BUSAN CULTURAL FOUNDATION

5

★ ★ ★

부산의 다방

추억을 마시다 공간에 스며들다

부산문화재단
BUSAN CULTURAL FOUNDATION

부산의 다-방

추억을 마시다 공간에 스며들다

강동수 소설가

–

강동수는 1961년 경남 마산에서 태어났다.
1994년 세계일보 신춘문예 소설이 당선돼 문단에 나온 이후 '몽유시인을 위한 변명',
'금발의 제니', '언더 더 씨' 등 소설집과 '제국익문사', '검은 땅에 빛나는' 등의 장편소설을 펴냈다.
요산문학상, 오영수문학상 등을 받았다.

다방, 추억과 낭만으로 가는 애틋한 시간 여행

_강동수

커피숍이라든가 카페라는 외래어가 일상화된 지 오래인 지금, 다방(茶房)이란 낱말은 고색창연한 느낌을 준다. 이제는 '스타벅스'니 '엔제리너스'니, '투썸플레이스' 따위 대형 체인업체가 성업 중인 세상이 아닌가. 이른바 세계 3대 커피라는 자메이칸 블루마운틴 넘버원, 예멘 모카 마타리, 하와이안 코나 엑스트라 팬시가 어쩌고저쩌고 줄줄 읊는 원두커피 마니아에겐 40~50년 전 구식다방이라면 그야말로 '촌티'의 상징으로 받아들여질 법하다. '다방'이란 단어를 들으면 많은 사람들은 뽀글뽀글 올라오는 공기방울이 돌리는 조악한 플라스틱 물레방아 사이로 빨간 금붕어가 헤엄치는 수족관, 푸르고 붉은 우단의자, 짙은 화장에 미니스커트를 입은 레지 아가씨를 연상할 것 같다.

'다방'이란 이름엔 차 '다(茶)'자가 들어가 있지만 다방의 주력 상품은 홍차나 녹차보다는 커피일 터. 하기야 날달걀을 깨어 넣은, 아마 전 세계에서 유례가 없을 '다방식 쌍화차'역시 한때 다방의 주 메뉴이긴 했지만. 부드럽고 향이 깊은 원두커피에 익숙해진 요즘 사람들이 옛날 다방의 인스턴트 커피를 마신다면 사카린을 쏟아 부은 듯한 단맛과 씀바귀즙을 섞어 넣은 듯 쓴맛이 함께 뒤섞인 그 기묘한 맛에 얼굴을 찌푸릴 터이다. 그래도 개화기 이후 한국 사람들에겐 커피는 서양의 맛, 서양식 낭만을 상징하는 기호로 작용해 왔다.

동서양을 막론하고 역사에 남을 만한 커피 마니아를 들자면 프랑스의 작가 오노레 드 발자크가 단연 으뜸이겠다. 발자크는 청년시절 유부녀인 한 백작부인을 사랑했다는데 끈질긴 구애 끝에 그녀로부터 남편이 죽으면 결혼해 주겠다는 약속을 받아낸다. 그녀와 결혼하기 위해선 그에 걸맞은 지위와 재산이 필요하다고 생각한 그가 돈을 버는 유일한 방법은 소설을 쓰는 것. 잠자는 시간도 아까워서 커피를 수십 잔씩 마셔가며 창작에 몰두한 그는 18년의 구애 끝에 결국 꿈을 이룬다. 51세에 백작부인과 결혼한 것. 하지만 행복도 잠시, 지나친 카페인 복용이 원인이 돼 발자크는 결혼한 지 5개월 만에 죽음을 맞고 만다. 그가 평생 마신 커피는 5만 잔에 이른다고. 목숨과 맞바꾼 치명적인 커피 중독증이었던 셈이다. "모닝커피가 없으면 나는 그저 말린 염소 고기에 불과하다"란 말을 남긴 작곡가 요한 제바스티안 바흐도 손꼽히는 커피 애호가인데 작곡할 땐 늘 커피잔이 옆에 있었다고. 그는 1732년 '커피 칸타타'란 별칭으로 알려진 '칸타타 BMV211'을 작곡하기도 했다.

얼마 전 방영된, 구한말을 다룬 TV드라마 '미스터 선샤인'에서도 양반가 처녀가 커피에 매혹되는 장면이 등장했지만, 우리나라에선 커피가 그 소리값을 빌린 가배(珈琲), 또는 서양 탕국이라 해서 '양탕국'이라 불리던 시절에 고종 임금이 최고의 커피 마니아였던 건 널리 알려진 사실이다. 일부에선 근거가 부족하다는 주장도 있지만, 1896년 아관파천 당시 러시아공사관에서 처음 커피를 맛보았다는 고종은 환궁 이후인 1900년 덕수궁에 서양식 정자인 '정관헌(靜觀軒)'을 짓고 커피를 즐겼다고 한다. 그러니 정관헌이야말로 우리나라 최초의 다방, 혹은 카페가 아닐는지.

개화기 이후 한국의 다방(茶房)은 일종의 서양식 살롱의 구실을 해왔다. 17세기 프랑스에서 귀족 부인들이 문화 예술인을 초청해 자유로운 토론의 자리를 마련한 게 살롱문화의 기원이다. 17세기 초 파리의 랑부예 후작 부인의 살롱엔 재상 리슐리외 같은 정치가와 코르테유 같은 시인이 단골손님이었다는데 당대 프랑스의 문화예술인은 이런 살롱에서 커피를 마시며 예술을 논하고 즐겼다는 거다.

우리나라에선 1902년 문을 연 손탁호텔에서 커피를 팔았고 1909년엔 일본인이 운영하는 최초의 다방 '남대문역 다방'이 문을 열었다. 그리고 1920년대 들어서 '깃사텐(喫茶店)'이란 일본식 이름으로 다방이 우후죽순 문을 열었던 것. 서양의 귀족부인들처럼 자신들의 예술 활동을 뒷받침하는 후원자도, 마땅히 모일 장소도 없었던 가난한 식민치하 조선의 지식인과 예술인들은 깃사텐에 모여 커피 한 잔을 놓고 예술을 논하고 사교 활동을 벌였던 것.

시인 이상이 생계를 위해, 예술가들이 모일만한 장소를 만들기 위해 카페를 차린 일도 유명하다. 그는 1933년 서울 청진동에 다방을 차려 그가 사랑했던 금홍이란 기생과 함께 운영했는데 화가 구본웅 같은 당대의 제제다사(濟濟 多士)가 모여들었다고. 1930년대 소공동에 있던 카페 '낙랑파라'는 여배우 김연실이 마담으로 있던 곳으로 경성 문인·예술가들이 가장 많이 모이는 곳이었다. 그곳은 '소설가 구보씨의 일일'을 쓴 소설가 박태원, 이상 등 예술가들이 모여 고전음악을 감상하고 예술을 논하던 당대 첨단의 사교 공간이었다.

'살롱'으로서의 다방은 해방 이후에도 번성했다. 50년대 명동 일대의 다방에는 문인들이 죽치고 있었다. 문예회관에는 김동리와 서정주를 중심으로, 여기저기 흩어진 다방에는 젊은 문인들이 꿰차고 앉은 식이었다. 청동다방에는 시인 오상순이, 포엠에는 박인환과 이봉구가 드나들었다고 한다. 이런 전통은 6·25이후 피란수도 부산에서도 면면히(?) 이어졌다. 부산에 피난 온 문인들이 모이던 다방을 소재로 한 김동리의 단편소설 '밀다원시대'가 당시의 모습을 생생하게 전한다. 밀다원에 더해 금강다방, 에덴다방, 뉴-서울다방은 예술인들이 즐겨 찾는 장소였다. 그들은 그곳에서 청탁받은 원고를 쓰고, 새 잡지를 구상하고, 손님을 맞았다. 다방은 그들의 서재이자 집필실, 응접실, 사교장을 한데 묶은 곳이었다. 그렇다고 다방이 문화예술인들의 전유물이었던 것만도 아니었다. 1980년대 중반까지만 해도 카페가 등장하기 이전이었고 패스트푸드점도 없던 시절이었다. 그러니 다방은 만남의 장소로 널리 활용됐던 것. 청춘남녀들은 다방에서 데이트를 했고, 장사하는 사람들은 그곳에서 상담(商談)을 나눴으며, 소일거리가 없는 중노년층 사내들은 달걀을 동동 띄운 쌍화차 한잔 사주고 레지들과 시시껄렁한 농담을 주고 받았다. 다방은 맞선장소로도 널리 쓰였다. 마주 앉은 젊은 남녀 옆에 양가의 부모친지들이 진 치고 둘러 앉아 며느리감, 사위감을 날카롭게 탐색하던 장면은 다방의 일상적 풍경이기도 했다.

100년이 넘은 '한국의 다방사'에서 다방이 늘 긍정적 이미지만 가지고 있었던 건 아닐 테다. 60~70년대엔 젊은 남성들치고 무심코 다방에 들어갔다가 매상을 올리려는 레지들이 옆자리에 앉아 치근덕대는 바람에 난감했던 기억을 가진 사람이 적지 않을 터. 한때는 '티켓다방'이란 이름의 다방이 음성적인 윤락의 공간으로 전락했다는 비난을 받은 적도 있었다. 5·16 이후 한때 커피 애호가들은 군사 정부에 의해 커피가 외래 사치품으로 분류돼 판매가 금지되는 바람에 콩가루를 태워 만든 '콩피'라는 유사제품을 마셔야 했다. 유사품의 진화는 더욱 발전(?)해 담배 꽁초를 우려 만든 '꽁피'까지 등장했는데, 1970년대 신문 사회면의 단골 기사 중의 하나는 다방업주들이 '꽁피'를 팔다 적발돼 처벌받았다는 내용이었다.

70년대 후반, 대학가를 중심으로 한 다방에선 DJ라는 신종직업이 등장하면서 다방은 청춘들의 서식지(?)가 되었다. 그들은 다방에 죽치고 앉아 DJ가 틀어주는 팝송과 트윈플리오 등 당대의 통기타 가수들의 노래를 들으며 헐벗은 젊음을 위무 받았다. 이 글을 쓰는 나만 해도 친구들과 어두컴컴한 다방 한 귀퉁이에 처박혀 DJ가 틀어주는 '사이먼과 카펑클', 밥딜런, 존 바에즈의 노래를 들었던 기억이 생생하다. 담배개비에 신청곡명을 적어 DJ에게 전해 준 치기 어린 기억도……. 글쎄, 지금도 어딘가에서 우연히 '아 유 고잉 투 스카보로 페어……' 하는 노래가 들리면 40년 가까운 아련한 옛날로 '타임 립' 하기도 하니.

서두에서 말했던 대로 세월 따라 다방문화도 크게 변했다. 스마트 폰이 보급된 지 이미 오래인 요즘엔 다방에 마주 앉아 흥정을 벌이는 사람도 없고, 데카당스 흉내를 내며 다방에 죽치고 있던 장발의 청년들도 사라졌다. 다방에서 맞선 보는 사람들도 없다. 대신 요즘 젊은이들은 외국 브랜드의 커피점에서 취업 공부를 한다. 그들은 원두커피가 담긴 플라스틱 컵을 들고 거리를 활보하기도 한다. 그렇게 보면, 지나간 시대 다방의 낭만이 그리워질 때도 있다. 지금의 시선으론 신파조이고, 촌스러운 풍경일 수도 있지만, 그때의 다방은 나름의 낭만과 애수가 깃들인 곳이 아니었던가. 누가 뭐래도 다방은 한국 근대 사교문화의 대표적 상징 기호였고, 지난 시대 우리네 삶의 일부분을 구성했던 중요한 시공간적 좌표이기도 했다. 그래서 우리는 '부산문화재단 총서'의 다섯 번째 책의 주제로 '부산의 다방'을 선정했다. 이 책에는 부산을 명멸했던 숱한 다방들의 흔적을 찾고, 다방이란 공간에서 희노애락의 한 조각을 겪었던 부산 사람들의 삶의 풍경화를 복원하려는 시도를 담고 있다. 그리고 이를 통해 한국 다방문화의 기원과 뿌리를 찾아보려고도 했다.

이 책은 일제강점기, 해방 이후, 한국전쟁기와 50~80년대의 부산의 다방의 풍경을 시기별로 정리했다. 시기별로 다방의 변천사도 담아냈다. 부산에서 명멸했던 숱한 다방들의 흔적과 그 다방 속에서 펼쳐졌던 시대의 풍속도를 복원해내기도 했다. 90년대 이후 현재에 이르기까지 새로운 모습으로 탈바꿈한 카페의 모습도 담아냈다. 부산의 다방사를 한 권의 책으로 압축해 낸 셈이다. 발품을 팔아 충실한 원고를 써주신 필자들에게 감사한다. 다방은 서민들이 울고 웃었던 추억의 공간이다. 신산했던 우리 근대사의 흔적이 새겨진 한 폭의 풍경화이기도 하다. 자, 이제 추억과 낭만과 그리움의 공간으로 시간여행을 떠나보자.

박승환 부산문화재단 기획홍보팀장

부산문화재단 설립 때 입사해서 조선통신사 유네스코 세계기록유산 등재를 위해 노력했고
현재는 기획홍보팀장으로 근무 중이다.
대학에서는 연극을 전공했고 무용을 전공한 아내를 두고 있어
공연예술에 대한 관심이 특히 많다. 여행광이다.

사라져 가는 것들에
대한 단상

_박승환

부산문화 출판시리즈 발간이 벌써 올해로 다섯 번째다. 2009년 재단에 입사하고 나서 대중성이 없어 보통의 출판사가 발간하기 어려운 책들, 특히 부산의 사라져 가는 것들에 대해 조명하는 책들을 써 봤으면 좋겠다는 생각을 늘 해 왔다. 그때부터 구상해 오던 것이 부산의 시장과 간판, 그리고 다방이었다.

먼저 시장이다.

2008년부터 정부는 상업적으로 침체된 전통시장을 지역문화공간이나 관광지로 활성화하기 위해 '문전성시프로젝트'를 시도한다. 정식명칭은 '문화를 통한 전통시장 활성화 시범사업'이다. 대표적인 시장으로는 수원의 못골시장, 전주의 남부시장, 서울 중랑구의 우림시장이 있다. 부산에서는 '날라리 낙타'라는 프로젝트로 선정된 부전시장이 있다.

문전성시프로젝트는 초기모델의 성공적인 사례와 달리 이제 전국의 전통시장이 초기모델을 답습함으로써, 시장 내부에서 운영되는 프로그램은 획일

화되고, 외형은 중소기업청의 시설 현대화라는 미명의 사업으로 연계되어 전
국의 전통시장이 아케이드를 덮어 쓰게 되는 결과를 낳게 된다.

대한민국은 왜 그리도 옛것을 잘 부수고 새것으로 덮어 쓰는지 정부 주도의
문화정책에 대해선 다음에 기회가 있으면 논하도록 하고, 여하튼 아케이드를
덮어 쓴 시장은 소비자에게는 더욱 나은 편의를 제공하지만 그 시장에서만 느
낄 수 있었던 고유의 체취를 사라지게 하여 전국의 어떤 시장을 가더라도 비
슷한 느낌을 갖게 되는 마술을 부리고 말았다.

그렇게 획일적으로 바뀌어 가는 것에 대한 환멸이라고나 할까? 그래서 제
일 처음 관심을 가졌던 것이 시장이다.

다음으로 간판이다.
재단설립 초창기에 전국에 있는 다른 광역재단이 하지 않는 일을 기획해
보고자 시작한 것이 '달리는 아트센터'이다. '달리는 아트센터'는 부산의 소외
된 지역, 공연을 접하기 힘든 지역의 주민들을 직접 찾아가서 문화로 소통하
는 '유랑극단'같은 프로그램이다. 그러기 위해선 좁은 공간에서 무대로 변신
할 만능 차량이 필요했다. 물론 그 동안의 사례를 참고하면서 설계도 직접 진
행했다. 이후 지역의 대표은행인 부산은행의 사회공헌부를 찾아가 수차례 설
득한 끝에 이동형 무대차량 지원을 약속 받았고 이후 그 차량을 가지고 부산
의 예술인들과 함께 지역주민을 만나러 부산의 구석구석을 다녔다. 특히 부
산의 외곽지역을 위주로 돌아다니다 보니 제일 눈에 먼저 들어 온 것이 오래
된 간판이었다.

전화번호 국번이 대부분 두 자리로 되어 있는 오래된 간판들은 낡긴 했지

만 간판의 주인과 인생을 함께 걸어온 것이다.

이미 폐업을 했어도 전혀 이상할 것도 없지만, 여전히 운영되고 있는 것을 보면 거기에도 많은 사연이 있을 거라 미루어 짐작할 수 있다.

금사동 백발의 양복점 주인이 그 간판을 달 때에는 또 다른 앙드레 김을 꿈꾸는 건장한 청년이었을 것이고, 명지시장 OO상회의 두부장수 할머니는 좌판으로 시작해 가게를 장만하고 간판을 걸던 날을 지금도 벅찬 감동으로 기억하고 있을 것이다.

작지만 그런 일상의 조각들을 맞춰보는 것도 시간이 지나고 나면 부산의 주요한 역사가 될 것이다.

이제 다방이다.

올 초 정기인사때 기획홍보팀장으로 발령을 받았다. 2009년 재단에 입사해 주로 필드에서 뛰는 업무가 주였던 관계로 인사발령 초기 이사회나 시정, 예산 등을 담당하는 기획홍보팀의 업무는 나의 체질과는 사실 맞지 않아 많이 헤맸고 여전히 헤매는 중이다. 아마도 나의 체질은 창의적인 기획 일을 가장 선호하는가 보다.

그나마 기획홍보팀의 업무 중 가장 관심을 가졌던 사업이 출판시리즈 사업이었다. 앞서 말한 것처럼 대중성이 없어 보통의 출판사가 발간하기 어려운 책들, 특히 부산의 사라져 가는 것들에 대한 조명도 하고 싶었지만 개인적인 역량의 부족과 이런 저런 핑계로 진도가 영 나가지 않았다.

그런 점에서 내가 할 수 없다면 재단이라도 이런 사업들을 진행했으면 하는 바람으로 제안한 것이 계기가 되어 시작된 것이 출판시리즈 사업이다. 이

사업은 내가 관심을 가질 수밖에 없는 필연이 있는 것이다.

올 초 올해의 출판 시리즈 주제를 놓고 팀 회의를 하면서 정한 주제가 다방이었다. 그 동안 시장에 관한 책은 일부 출판이 되었고, 간판과 다방을 놓고 고민하던 차에 미국 공보처(UNITED STATES INFORMATION AGENCY)에서 작성된 "TEA ROOMS AND COMMUNICATION IN KOREA"라는 보고서를 접하게 되었다. 40년 간 대외비로 있다 해제된 문서에는 다방의 기능, 종업원에 대한 설문조사, 특히 부산 다방의 현황조사가 담겨져 있다. 보고서는 다방을 사람들을 모으고 정보를 교환하는 장소로 소개한다. 미국이 이런 것까지 정보화해야 했나 하는 씁쓸함도 있지만 그 시대의 다방이 얼마나 중요한 역할을 했으면 이런 보고서까지 작성했을까 하는 것이 출판시리즈 '다방'의 출발점이 된 셈이다.

책의 본문을 읽으면 나올 테지만 과거의 다방은 복합문화예술공간이었다. 문학, 연극, 미술, 음악 등의 예술혼이 녹아 있던 곳, 청춘들의 서식지였던 그곳은 이제는 무엇도 대체할 수 없는 그런 기억의 공간으로 사라졌고 사라지고 있다.

이미 옛 흔적을 찾기 힘든 지금이지만 기억에서 더 사라지기 전에 그 끝자락을 조금이라도 빨리 붙잡고 싶었다.

수란과 데운 우유

아버지를 따라 다방을 처음 간 것이 초등학교 3학년 즈음 겨울로 기억한다. 다방의 중간에는 난로가 뻘겋게 타고 있었고 위에는 노란 주전자가 씩씩

대며 김을 뿜고 있었다.

아버지는 난로 자리 바로 옆에서 기다리고 있던 아마도 김사장(?)과 손인사를 한 뒤 자리에 앉았고 이내 레지로 생각되는 여종업원이 씩씩대던 주전자에서 엽차를 따라 가져와서 김사장 옆에 앉는다.

아버지는 나를 위해 수란과 데운 우유 한잔을 달라고 했다. 수란은 뭔지를 몰랐고, 따뜻한 우유는 가끔 마셔 본 기억이 있다. 당시 한 달에 한 번쯤 목욕을 간 것으로 기억하는 데 겨울철에 아버지랑 목욕을 하고 나면 항상 조그만 구멍가게에 들러 난로 위 찌그러진 양푼이 위에 담겨진 있던 병우유를 꼭 사주셨다. 종이마개를 손가락으로 톡 쳐서 마시던 병우유

잠시 후에 커피잔 받침에 놓여진 수란과 데운 우유가 나왔다. 아버지가 티스푼으로 데운 우유의 막을 걷고 소금을 쳐 주셨는데 수란도 처음이었지만 우유에 소금을 치는 것도 처음이었다. 그때 맛본 반숙의 수란과 소금을 친 우유는 지금까지 자라면서 먹었던 그 어떤 달걀과 우유보다도 고소했던 기억이 난다. 이후에도 나는 종종 아버지를 따라 다방에 갈 일이 있으면 수란과 소금을 친 데운 우유를 즐겼다.

그래서인지는 몰라도 난 지금도 반숙의 계란을, 목욕 후에는 항상 우유를 즐긴다.

도라지 위스키, 최백호 그리고 SUNTORY TORY'S WHISKEY

총론을 쓰기 위해 사전에 원고를 받아 읽으면서 위티와 도라지 위스키에 대한 에피소드가 여러 번 나왔다. 사실 나는 위티를 몰랐다. 앞서 언급했듯이 다

방에 대한 기억은 동일한 다방이라 할지라도 세대별로 그것을 기억하는 것이 차이가 있는 것이다. 그런 점에서 나는 40대 후반임을 밝혀 둔다.

위티는 무엇일까? 글 속에서 위티는 홍차에 위스키 몇 방울을 섞어 만든 차(?)로 그 시절 다방에서 깨나 폼 잡는 아니 폼을 잡기 위한 사람들이 마셨던 메뉴였던 것 같다. 그 메뉴는 태생이 부산인 합성양주 도라지 위스키로 제조가 되었다.

그럼 도라지 위스키는 또 뭔가?
가수 중에 최백호氏의 노래를 고교시절부터 특히 좋아했다. '영일만 친구'를 시작으로 '내 마음 갈 곳을 잃어', '낭만에 대하여' 그리고 최근 '부산에 가면'까지 노래방에 가면 항상 나의 애창곡이다. 그 중에서 '낭만에 대하여'는 근 삼십년째 불러 오고 있지만 가사에 나오는 도라지 위스키에 대해 단 한 번도 깊이 생각한 적은 없었다. 출판시리즈 발간을 위한 편집회의를 하면서 그제야 궁금증에 목이 말라 검색을 하던 차에 나는 도라지 위스키에 대해 묘한 동질감을 느꼈다.

도라지 위스키. 간단히 합성양주다. 아니 좀 더 공부해보니 위스키 원액이 한 방울도 안 들어갔다 하니 짝퉁위스키쯤 되겠다. 1950~60년대 미군부대를 통해 들어온 위스키가 유행하던 시절, 특히 일본의 SUNTORY라는 회사에서 만든 TORY'S WHISKEY가 유행하자 부산의 국제양조장에서 도리스 위스키를 만들었고, 상표분쟁으로 인해 소송이 걸리자 이름을 바꾼 것이 도라지 위스키다.

내가 재단을 입사하던 때인 2009년, 어린 시절 가장 친한 친구 두 명(호조와 영준)이 캐나다 휘슬로로 이민을 갔다. 한국생활에 염증을 느껴 캐나다로 이민을 가긴 했지만 이국생활이 힘들었던 건 당연할 터.

중학교 시절부터 하루가 멀다 하고 만나 뒹굴고 싸움을 하던 그런 친구가 둘씩이나 이민을 가고 나니 마음속 한구석이 늘 허전했다.

친구 중 호조가 5월 초에 집사람과 함께 한국에 나왔다. 친구를 만나 처음 함께한 일이 부산시민회관에서 최백호의 청춘콘서트 '회귀:回歸' 공연 관람이었다. 갑자기 최백호氏가 혈압이 오르시는지 가슴에 통증을 느껴 잠시 콘서트가 중단되기도 했지만 나와 친구는 옛 추억에 맘껏 젖어 들었다. 술을 한잔 하고 잠자리에 누우니 최백호氏나 나나 친구나 다들 건강해서 좀 오래도록 볼 수 있었음 좋겠다는 생각이 들었다. 친구가 부산에 와 있는 한달 동안 거의 매일 만났고 오는 추석에는 영준이를 만나기 위해 무조건 캐나다로 가기로 약속을 했다.

고등학교 시절 나의 친구들은 또래에 친구들보다 머리도 굵었지만 공부도, 싸움도 그것이 무엇이든 잘하던 친구들, 특히 개성이 강한 친구들이 많았다. 호조 형님들의 영향으로 등산을 즐겼는데 특히 지리산을 즐겨 다녔고 나도 가끔은 함께했다. 당시에는 사상터미널에서 지리산 백무동이나 뱀사골, 대원사 등으로 한 번에 가는 버스가 없어 진주에서 갈아 타야만 했다. 지금처럼 길이 좋지 않아 제법 많은 시간이 걸렸고 그 지루함을 달래려고(?) 준비한 것이 합성양주 캡틴큐와 나폴레온이었다. 버스 안에서 막 출시된 동원참치 캔이랑 플라스틱 뚜껑에 주고 받으며 마신 인생의 첫 양주는 우리에겐 작은 일탈이었다.

술에 대한 취향도 변한다. 맥주에서 위스키, 막걸리, 소주, 와인으로 취향이 변했다가 최근 몇 년간 다시 위스키로 돌아왔다. 특히나 재패니즈 위스키로....

재패니즈 위스키는 가격대비 풍미가 아주 훌륭하며, 뒷맛에 단맛이 치고 올라와 좋아하는 편이다.

위스키를 분류할 때는 크게 제조방법에 따른 분류와 제조국에 따른 분류 두 가지 방법이 있다. 제조방법에 따른 분류는 블렌디드, 그레인, 몰트 위스키가 있으며 제조국에 따른 분류에 의하면 버번, 테네시 등으로 대변되는 아메리칸 위스키, 크라운 로얄로 유명한 캐나디안 위스키, 스코틀랜드에서 제조한 스카치 위스키, 아이리시 위스키, 재패니즈 위스키가 있는데 최근 재패니즈 위스키가 상한가를 치고 있는 중이다.

TORY'S WHISKEY를 만든 산토리의 '야마자키 12년산'이 2003년 금상을 받은 이래 2008년에는 산토리의 '히비키(響) 30년'이 사상 첫 3년 연속 최고상인 트로피를 수상했다.

전통적인 강호 위스키인 스카치 위스키를 제치고 재패니즈 위스키가 국제증류주 대회인 International Spirits Challenge(ISC)에서 좋은 평가를 받다보니 위스키 원주가 품절 나고 있고 그로 인해 가격은 몇 년 전에 비해 3~4배가 올랐다.

특히 2011년 한정판으로 생산한 야마자키 위스키 50년(판매가격 100만 엔, 150병 한정)은 올 초 소더비홍콩경매소에서 진행된 경매에서 3억3천만 원에 팔리기도 했다. 위스키도 재테크 하는 세상이 된 것이다. 참고로 내가 10만 원 대에 구입한 야마자키 18년산은 현재 일본 옥션에서 70~100만 원대에 판매되고 있으며, 5만 엔 정도 구입한 야마자키 25년산은 면세점에서만 45만 엔에 판매되고 있으나 매번 품절중에 있어 구입을 할 수가 없다. 어린 아들이 장가 갈 때나 마시든지 아니면 그때쯤 팔면 중형차 한 대쯤 살 수 있으려나 모르겠다.

위스키에 관심이 있다 보니 위스키 카페에도 가입이 되어 있는데 일본에서 이미 가격이 턱없이 올라 버린 산토리의 수집용 위스키들이 미국이나 프랑스의 시골마을 리쿼스토어에서 착한 오리지날 가격에 종종 발견된다는 후기가 있다.

캐나다에서 온 호조에게 물어보니 친구도 재패니즈 위스키를 좋아하는데 자기가 사는 곳에는 TORY'S WHSKEY 밖에 없고, 그나마 수입이다 보니 가격이 비싸다는 것이다. 사실 그 순간 나는 이해가 되지 않았다. 내가 알고 있는 TORY'S WHSKEY는 SUNTORY에서 만든 가장 저가 양주로 700ml에 700엔 심지어 PET병 2.7리터에 2500엔 정도로 구입 가능한 아주 저가 양주다. 일본의 이자카야나 식당에서 얼음을 탄 위스키 로쿠나 하이볼로나 마시는 술이다.

추석이 되어 휘슬러를 방문하게 되었고 친구가족들과 함께 캐나다의 록키를 돌아보며 즐거운 시간을 가졌다. 오랜 친구를 만나는 것이 목적이라 캐나다에 있는 2주 동안 별다른 계획이 없었다. 그래도 한 가지 목적이 있었다면 리쿼스토어를 방문하는 것이었다. 캐나다에 있는 2주 동안 곳곳의 리쿼스토어를 방문했다. 그제서야 나는 친구가 말했던 TORY'S WHSKEY가 내가 잘못 알아 들었단 사실을 알게 되었다. 친구가 말한 TORY'S WHSKEY는 SUNTORY에서 나오는 중급 위스키 TOKI(季) WHSKEY였던 것이다.

그런 에피소드를 안고 여행에서 돌아와서 부산의 다방 원고를 읽고 있는 지금 싸구려 위스키라 맛조차 보지 않았던 TORY'S WHSKEY는 그 시절 산토리의 도리스 위스키로, 또 다시 국제양조의 도라지 위스키로 마음속으로 차분히 내려앉고 있다.

끝으로 부산다방의 전성기는 피란시절이 아닌가 싶다.

6.25 전쟁으로 인해 전국의 예술가가 모여들여 교과서에나 나오는 이광수, 황순원, 김동리, 서정주, 유치진 등의 지식인들이 지성을 논하던 곳, 김환기나 이중섭 같은 천재예술인들이 감성을 불태우던 그런 곳.

만약 휴전 이후 임시수도가 서울로 다시 환도되지 않았다면 늘 문화의 불모지라는 부산이라는 멍에가 대한민국 문화도시 부산이라는 명예로 바뀌지 않았을까?

그럼 우리가 살고 있는 이 시대에 부산을 명예롭게 바꾸어 줄 그 시대의 다방을 대체할 수 있는 공간은 무엇이 있을까? 아무리 생각해 봐도 그런 공간은 찾을 수가 없다. 전시나 공연의 공간으로 잠시잠시 만남의 장의 공간은 각각의 공간으로 이 시대에도 존재하지만 그들이 예술을 논하며 교류하며 사교적인 살롱의 공간을 대신했던 그런 복합예술공간으로서의 대체적 공간은 이제는 찾기가 힘들다. 그나마 비슷한 역할을 해오던 공간도 젠트리피케이션으로 인해 사라져 가고 있다.

이제는 그 시대의 다방을 대체할 새로운 다방과 같은 공간에 대해 모두가 고민해 볼 때다. 지금은 없지만 그 시대의 다방과 같은 역할을 하는 또 다른 문화공간 플랫폼을 만들어야 할 것이고, 그것을 만들어 가는 것이 예술인들과 문화재단의 몫이자 이 책을 만든 의미가 아닐까?

세월을 뒤로 돌릴 수는 없겠지만 이제는 남겨진 부산문화와 관련된 사람들이 더욱 분발할 때다.

그 시대의 다방을 대체할 새로운 다방과 같은 공간에 대해 모두가 고민해 볼 때다.

사라져가는 것들에 대한 단상

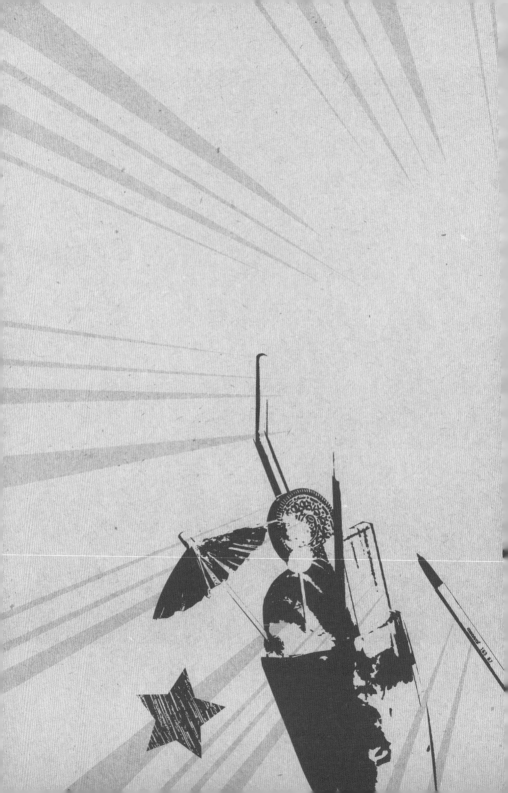

칠성사이다

문성수 소설가

-

부산에서 태어나 일정 기간을 제외하곤 줄곧 부산에서 살면서 작품생활을 하고 있다.
부산을 떠나 살라고 한다면 글쎄 아마 고황에 걸리지나 않을까 라고 여길 정도로 부산을 사랑한다.
현재 부산소설가협회와 (사)김동리기념사업회가 공동 주최하고 부산광역시 중구청이
주관하는 '밀다원시대 문학제(피란수도 부산문학제)'의 운영위원장을 맡고 있다.

시련과 애련으로
부산만의 문화 꽃피우다

_문성수

1. 우리나라에 다방은 언제 등장했을까?

구한말에 이르러 개화 바람을 타고 우리나라에 커피가 보급되면서 다방의 역사는 시작되었다고 볼 수 있다. 커피는 처음에 '가배차(珈琲茶)'나 '가비차(加比茶)'로 음역되었고 이를 파는 다방을 당시에 '끽다점(喫茶店), 찻집, 티룸'이라는 이름으로 불렀다. 『서울육백년사』 제4권(서울특별시편찬위원회, 1977)의 「다방」부분을 참고하면, 러시아 공사 웨베르(Karl Wae-ber)의 처형인 손탁(Sontag, 1854~1925)이 1902년 서울 정동 29번지에 '손탁호텔'을 지어서 1층에 호텔식 커피숍을 선보인 것이 시초라고 한다. 이후 일본인이 경영하는 '청목당(靑木堂)'이 당시의 남대문통 3가인 현재 한국은행 본점 건너편에 등장하여 1층은 양주를 팔고 2층에서는 차와 식사를 겸할 수 있는 최고급 식당이자 찻집으로 운영되었다고 한다. 이광수의 『흙』과 염상섭의 『삼대』에도 '청목당'이 등장하는 것으로 보아 그 명성은 널리 알려졌던 것 같다. 이렇게 호텔식 커피숍에서 시작한 다방은 일반인들도 애용할 수 있는 커피 전문점으로 차츰 확산되었다.

1923년경에 경성의 일본인 거주 지역에서 일본인을 대상으로 주로 커피를 팔았던 '후다미(二見)'와 '금강산'이 당시의 본정통인 충무로에 들어섰고, 우리나라 사람이 처음으로 창업하였던 다방은 1927년 봄에 영화감독 이경손이 종로구 관훈동에 개업한 '카카듀'가 그 시초였다. '명동백작'으로 불리던 이봉구가 쓴 '한국 최초의 다방-카카듀에서 에리자까지'(『세대』, 1964. 4.)를 보면, 1927년에 문을 연 '카카듀' 이래로 1929년경 영화배우 김인규(金寅圭)가 종로 2가 YMCA 근처에서 개업한 '멕시코'가 우리나라 사람이 개업한 유일한 다방이라고 밝히고 있다. 또한 다방 '멕시코'에는 이광수, 변영로와 같은 쟁쟁한 문인들과 영화배우, 그리고 언론인들이 드나들어 문화 사랑방 역할을 했다고 전한다. 당시의 다방 분위기는 그 이름에서 알 수 있듯 이국적 취향에 젖어 차를 마시면서 음악을 들을 수 있는 장소로 인식되었던 것 같다.

2. 일제강점기 동안 부산의 다방은 어떠했을까 - '에덴다방'

1930년대에 들어서면 경성에는 다양한 다방이 각각의 특색을 드러내면서 새로운 여가 공간으로 자리 잡는다. 동경 우에노(上野) 미술학교 도안과를 졸업한 이순석이 경영하였던 '낙랑파라', 극작가 유치진(柳致眞)이 소공동에 개업한 '프라타나' 등, 이들 다방들은 주인의 의도에 따라 다목적 공간으로 활용되면서 서양의 살롱문화처럼 당시의 독특한 다방 문화를 형성하기도 했다.

그러나 일제강점기 동안의 부산에는 경성과 같은 '다방문화'의 흔적을 찾기가 힘들다. 다만 부산출신 소설가인 김말봉 여사와 관련된 '에덴다방'이외엔 그 기록이 남아있지 않다. 부산은 1945년 당시 인구가 28만여 명이었고 관부연락선이 오가는 항구도시이자 경부선의 시발점인 교통의 요충지로 많은 사람들의 왕래가 잦았던 곳이었다. 그렇기에 근대식 다방이 없었을 리 만무하지만 이와 관련된 문화적 기록이 없는 탓에 그 역사를 알 수 없어 안타깝다. 다만

박원표의『부산의 고금』(1965) 에 의하면 다음과 같은 기록이 보인다.

광복동 '에덴다방'은 일제 때 동아일보 기자를 하던 고 강대홍씨가 사서 '제일다방'
이라 이름을 고치고 태평양전쟁 직후까지 경영했다. 지금은 다시 '에덴다방'이란 이름
으로 돌아왔는데, 한국인 경영으로서는 역사가 제일 오래다. 이 다방에는 여류작가 고
김말봉 여사와 지금 중앙문단에서 활약하고 있는 부산 출신 한무숙 여사도 자주 드나
들었다. 음악이래야 베토벤의 교향곡 '운명'이 판을 쳤다.[1]

소설가 김말봉 여사가 1935년 동아일보에 장편 〈밀림〉을 연재할 때 소설
의 삽화를 당시 부산고녀 4학년생이었던 17세의 한무숙에게 맡겼다고 한다.
이를 계기로 김말봉과 한무숙은 부산의 첫 찻집인 '에덴다방'에서 만나 원고
와 삽화를 주고받았다. 한무숙은 원래 화가를 지망했는데 이 일로 인해 소설
가로 전향했고, 그의 동생 한말숙 또한 소설가로 등단하여 함께 활동하였다.
전 부산시청 건너편의 중구 광복동 입구에 위치한 음악다방인 '에덴'(중구 광복
로 85번길 4)은 광복동 다방 거리의 출발점이 되었으며 8·15 광복 이후 피란시
기에는 많은 음악인, 미술인, 문인 등이 왕래하면서 부산만의 독특한 다방문
화를 선도하게 된다.

3. 광복 이후 전문적인 음악다방 – '문화장'

'문화장'은 바이올린을 전공한 배도순(1920~2000)이 1949년 5월 중구 보수동
의 2층 건물 중 1층에 연 클래식 전문다방이었다. 그는 일본고등음악학교를
졸업하고 8·15 광복 이후 진해여고 음악교사로 근무하다가 1947년 5월에 부

---

1) 박원표, 부산의 고금, 태화출판사, p28.

산으로 와서 '부산음악연구소'를 개설하였다. 이어 1949년 5월 중구 보수동에서 음악다방 '문화장'을 경영하였다. 이때 전국에서 처음으로 현악 4중주단을 김광수 · 백경준 · 윤이상(尹伊桑)과 함께 조직하였다고 한다. 제갈 삼 교수의 『초창기 부산음악사』에 의하면 보수동의 적산건물인 1층은 고전음악다방인 '문화장' 2층은 부산음악원을 운영하면서 지역과 피란 온 음악가들의 사교장으로 장소를 제공했으며 부산의 초창기 클래식 음악의 산실 역할을 하면서 배도순이 서울시립교향악단 단원으로 올라가기 전인 1958년 3월까지 운영하다가 폐장되었다고 쓰고 있다.[2]

8·15 광복 후의 시기는 유학생들이 속속 귀향하면서 이들이 몰고 온 이른바 서양풍의 문화 특히 고전음악을 이해하는 것이 문화의 척도가 되던 시절이었다. 이들의 문화적 갈증을 어느 정도 풀 수 있었던 장소가 음악다방이었는데 그 중심에 '에덴다방'과 '문화장'이 있었다.

4. 피란수도 시절 부산의 다방 전성기

6·25전쟁 기간 중 피란수도 시절(1950년 8월 18일~10월 26일, 1951년 1월 4일~1953년 8월 14일. 1023일)의 부산은 '다방의 도시'였다. 2012년 부산발전연구원 시민연구로 채택된 유진경의 '1950년대 부산 중구 다방지도(임시수도기념관 학술연구총서 '부산, 1950's')를 보면, 그 시절 중구에만 73개의 다방이 있었음을 밝히고 있다. 중앙정부가 옮겨온 서구의 부민동과 보수동이 정치 행정의 1번지였다면, 중구의 광복동과 남포동은 당시 한국 문화의 메카 역할을 했는데 그 중심에 다방이 있었다. 지역과 피란 온 문화예술인들이 서로 모여 시대적 불안과 정신적 허기를 나눌 수 있는 곳은 다방밖에 없었다. 김병익은 『한국문단

---

2) 제갈 삼, 초창기 부산음악사, 세종출판사, 2004, p421.

사 1908~1970』를 통해 이렇게 밝혔다.

다방은 당시 갈 곳 없는 문인들의 안식처였고, 찾기 힘든 동료들의 연락처였으며, 일할 곳 없는 작가들의 사무실이었고 심심찮게 시화전도 열리는 전시장이었다.[3]

당시 문화예술인들이 자주 찾던 다방으로는 중앙동에 '백조, 햇피', 대청로에 '청구와 루네쌍스' 광복동에 '에덴, 예술구락부, 춘추, 다이야몬드, 미화당, 밀다원, 오아시스' 창선동에 '금강, 휘가로, 늘봄, 망향' 남포동에 '파도, 비원, 뉴서울, 스타'다방 등이 있었다.

가) 피란수도 시절 문화예술인의 아지트이자 안식처인 '밀다원(蜜茶園)'

밀다원(광복동2가 38-2)은 당시 전쟁이라는 시대적 절망과 피난살이의 고통 속에 있던 문화예술인들의 아지트이자 안식처 역할을 한 다방이었다. 하지만 아래층에 전국문인단체총연합회의 사무실이 있어 서로 연락을 주고받기가 매우 편한 곳이었기에 많은 문화예술인들이 '밀다원'에 모였을 것이라 짐작한다. 그들은 '밀다원'에 모여 전쟁의 불안과 삶의 고통을 서로 나누고 또 창작의 산실 공간으로 이용했다. '밀다원'에 대한 기록은 많이 남아 있다. 특히 김동리는 소설 「밀다원시대」를 통해 피란 온 문화예술인들의 삶과 예술, 절망과 고통 등을 사실적으로 재현한 바 있다. 또 그는 문단회고사인 『나를 찾아서』에서 소위 예술 문화인만큼 난리 속에서 약하고 무능하고 서글픈 부류도 없지 않았을까 생각한다. 나는 그때 찻집 '밀다원'에 모여들던 소위 예술 문화인들을 생각할 때만큼 이 부류의 사람들에게 친근감을 느껴본 적이 없다. 모두가 거리에 나

3) 김병익, 한국문단사 1908~1970, 문학과지성사, 2001, pp274~275.

와 있었고, 거리에 계속 돌아다닐 수도 없으니까 결국은 아는 얼굴들이 모이는 다방을 찾을 수밖에 없었다. 그 첫 번째 다방이 '밀다원'이었다고 밝혔다.[4]

그리고 고은의 『1950년대』에 의하면 김동리와 황순원, 조연현, 김말봉 등 기성문인들은 주로 '밀다원'에 모였고, 박인환과 이봉래 김규동과 같은 신진시인들은 주로 인근의 '금강'다방(창선동 1가 5번지)에 모였다. 김환기와 이 준 같은 화가들이 금강다방의 단골이었다고 회상하고 있다.[5]

그러나 1951년 8월 1일, 실연의 상처를 안은 정운삼 시인이 '고별'이라는 시를 유고로 남기고 자살한 사건으로 인해 '밀다원'은 문을 닫았다. 얼마 뒤 다시 문을 열었지만 그해 12월 영구 폐업하면서 기록에도 사라지고 말았다. '밀다원'이 있던 자리는 1980년대에 한동안 왕비다방으로 업종을 유지한 적도 있으나 현재는 의류대리점으로 바뀌어 그 흔적을 짐작하기 힘들다. 다만 중구청이 현 건물의 뒤편에 피란시절 '밀다원'다방의 터였음을 알리는 표지판을 설치함으로써 이곳이 피란시기의 역사적 장소임을 기억하게 하고 있다.

나) 부산 미술계의 황금기를 구가한 중구의 다방들

1952년 당시 대한미술협회 회장이었던 고희동은 '에덴다방'을 위시한 중구의 모든 다방에서 대한민국미술협회전(국전)을 분산 개최하기로 결정하고 100여 회의 전시회를 연 사실을 당시의 신문들은 전한다. 그리고 차철욱의 『피란시절 부산의 문화』에 의하면 1952년 3월 대청동의 '루네쌍스' 다방에서 문신의 개인전이 있었고, 1953년 3월 서성찬, 김영교, 김종식, 임호가 중심이 된 〈토

4) 김동리, 나를 찾아서, 민음사, 1997, pp269~270.
5) 고은, 전게서, pp209~210.

벽〉동인의 창립전도 열었다. 그 후 2회는 창선동의 '휘가로'다방에서, 3회는 신창동 '실로암'다방에서 동인전을 가졌다고 밝히고 있다. 또한 창선동의 '금강' 다방은 김환기와 유영국이 중심인 한국 최초의 추상파 그룹 '신사실파'의 아지트였으며, 이중섭은 여기서 양담배의 내피인 은박지에 철필로 선묘화를 그렸다. 이른바 다방이 그 유명한 '은지화'의 산실이 된 셈이었다.

다) 그 밖의 문화적 기록을 남긴 다방들

정운삼 시인의 자살 사건으로 '밀다원'에서 쫓겨나다시피 한 이들의 절반은 '스타'다방으로, 절반은 '금강'다방으로 옮겨갔다고 고은은 회상했다. 고전음악다방으로 개업한 '스타'(남포동 2가 29번지 건물 지하)는 종군문인이자 시인인 전봉래가 '그리운 사람에게 보낸다'라는 유서를 남기고 1951년 2월 16일 자살함으로써 생을 마감한 장소이다. 비참한 피란 현실과 내일을 알 수 없는 시대의 불안을 견디지 못해 자살한 사건은 당시의 문화예술계뿐만 아니라 사회적으로도 큰 파장을 불러왔다.

김규태 시인은 '죽음으로 현세의 부조리를 극복했고, 그가 남긴 유서는 전쟁 시기에 우리 가슴을 무겁게 울린 광복동 엘레지'였다고 회상했다.[6]

'스타'다방 자리는 6·70년대 '태백, 등대, 백조'다방을 거쳐 고전음악감상실과 민속주점으로 업종을 바꿔가며 운영되었다. 그 밖에 1953년 남포동에 문을 연 음악다방인 '비원'은 많은 음악인이 드나들었는데 특히 작곡가 윤용하가 박화목의 시를 받아 이곳에서 가곡 〈보리밭〉을 작곡했으며, 피아니스트 백건우가 아버지 손에 이끌려 청음훈련을 받기 위해 자주 찾던 곳이라고 한다. 11세 소년 백건우는 1959년 미화당백화점 근처의 '아폴로'에서 피아노 독주회

---

6) 김규태, 시인 김규태의 인간기행, 말씀, 2009.

를 가진 바 있다.

라) 퇴폐와 향락의 장소, 다방

피란시절 부산의 다방은 문화공간으로서의 의미만 지닌 것은 아니었다. 처절한 생존투쟁의 현장에 선 피란민들의 눈에는 한가한 이들이 모여 허황된 담론이나 퇴폐를 부추기는 타락된 장소로 비쳐졌는지 모른다. 얼굴 반반한 마담이나 젊은 레지를 앉혀 놓고 커피를 마시며 시시덕거리던 지난날의 다방풍경을 연상해 보면 그리 터무니없는 오해만은 아니었을 것이다. 이렇듯 다방에 대한 여론이 나빠지자 피란수도의 장면 총리가 나서서 다방과 요정을 출입하는 공무원을 색출하라는 명령을 내린 적이 있었다. 당시 동아일보(1952년 5월 15일자)는 단속된 공무원의 수가 191명에 이른다고 보도할 정도였다. 그만큼 많은 수의 다방이 부정행위의 은밀한 장소로 이용된 것을 짐작할 수 있다.

5. 환도 이후 부산의 다방

1953년 7월 27일 휴전이 되자 정부는 피란수도 부산을 떠나 서울로 환도했다. 많은 피란민들이 고향을 찾아 부산을 떠났다. 문화예술인도 마찬가지였다. 당시의 경향신문 1953년 9월 14일자 '환도 이후의 부산'이란 기사에 의하면 '피란민들이 부산을 떠난 후 다방의 숫자는 3분의 1로 급격히 줄었고 파리만 날리던 다방과 요정은 파산지경에 이르렀다. 이 또한 부산이 겪어야 할 숙명적 시련이었다'고 쓰고 있다. 그러나 광복동과 남포동의 다방들은 여전히 문화예술 활동의 중심적 공간으로 명맥을 유지했다. '에덴'과 '문화장'을 비롯한 많은 다방이 음악감상실의 역할을 지속했고, 시화전이나 미술작품 전시회가 다방을 중심으로 꾸준히 열리면서 부산만의 독특한 문화를 형성하는데 그 장소로서의 소임을 수행했던 것이다.

부산만의 독특한 문화를 형성하는데 그 장소로서의 소임을 수행했던 다방

주경업 향토 사학자

83년부터 민속, 무용, 소리와 쟁이와 꾼, 그리고 굿을 찾아 전국을 답사하고
이를 채록해왔으며, 한편 부산의 역사와 문화터, 민속을 연구해왔다.
그리고 이를 바탕으로 그림을 그리고 글을 써왔다.
'부산을 배웁시다 1, 2, 3권'을 비롯한 부산과 관련 저서 18여권이 있다.

시민 애환 간직한
소중한 유산

_주경업

부산의 다방은 1950년 한국전쟁 이후 전성시대를 맞는다. 정부와 공공기관이 부산으로 옮기고 피난민과 문화예술인이 부산으로 몰려들면서 다방은 새로운 풍속도를 형성하는 산실이 되었다. 이후 1960년대에서 1980년대에 이르는 기간 다방은 부산시민의 애환을 간직하면서 부산문화의 한 전형으로 자리잡았다. 지금은 잊혔지만 1960년대에서 1980년대 삶의 애환을 고스란히 품어주었던 다방 가운데 몇을 추려 소개한다. 부산 다방사를 일부나마 복원하고자 함이고 그러한 복원을 통해 우리의 삶을 되돌아보고자 함이다. 여기 소개하지 않은 다방 중에서도 우리가 꼭 기억해야 할 다방은 적잖다. 그들 다방 또한 부산 다방사의 소중한 유산이다.

오아시스

한때 외항선을 탔던 유선장이라는 이가 부평동 족발골목에서 경영했던 다방으로 다방보다는 음악실로 통했다. 오아시스에는 유선장이 귀국 때마다 구입해온 클래식 LP음반이 많았다. 주로 복사(해적판)음반이었지만 부산에서는 가장 많은 종류의 음반을 보유하고 있었기에 클래식 매니아들이 많이 찾았다. 특히 베토벤, 모차르트, 슈베르트 등 서양고전음악에 목말라했던 젊은이들과 음악전공인들의 아지트였다. 바리톤 김부한, 지휘자 오태균, 시향 바이올리니스트 김진문씨 등 부산에서 음악을 전공하는 이들의 집합장소였으니, 이른바 클래식 동호인들은 거의 오아시스 출신이라고 해도 과언이 아니던 시절이었다. 오아시스는 음향시설도 제법 갖추었고 DJ격인 전속 플레이어가 있어서 음반도 선곡하고 때로는 해설도 곁들였다. 80년 후반 집주인 유사장은 낡은 적산가옥 2층을 헐고 현대식 빌딩으로 신축하였다. 1층 음악실을 2층으로 옮기지만 예같지 않아 보통다방으로 업종을 바꾸어 세 주고 만다. 그러나 그 많던 희귀음반들은 옥상의 주인집으로 옮겨 보관중이라는데 지금은 알 도리가 없다. 오아시스가 문닫으면서 고전음악 팬들은 백조음악실로 모여든다.

에튜드

옛 동아극장(지금의 창선동우체국 앞 동아백화점)을 돌아 골목에 들어서면 젊은 이들이 즐겨 찾는 에튜드가 있었다. 부산에서 팝 음악 감상실로 대표되던 곳이다. 2층은 다방전용, 3층은 음악실이었다. 이곳에 오면 폴앵커, 해리 벨라폰테 등 당시 팝음악의 대중가수들이 부르던 음악을 즐겨 들을 수 있던 곳으로 현대음악을 즐기려는 젊은 동호인들이 주류를 이루었다. '더 영원스' '다이에나' 등 유명 음악들을 부산에 널리 전파한 부산의 팝음악이 이곳으로부터 전파되었다고 해도 지나친 말이 아닐 것이다. 미화당음악실에 즐겨 출입하던 고등학생들이 졸업하면서 이곳으로 옮겨 당시의 새로운 음악 세계를 맛보던 음악실이었다.

미화당음악실

광복로 삼거리 미화당백화점은 지금은 새로 옷을 입어 ABC마트로 변신했다. 백화점 3층에 널찍하게 자리 잡은 미화당음악실은 일반인도 즐겨 찾았지만 음악을 좋아하는 고등학교 상급생이 슬며시 찾아와서 차를 주문하고 음악을 감상하던 곳이었다. 인근 남성여고와 대신동 부산여고생이 하굣길에 가방을 들고 출입하곤 했다. 언제나 그렇듯이 이때쯤이면 남학생도 여럿 나타나자리 한편에서 지그시 눈감고 대단한 마니아가 된 듯 폼을 쟀다. 남학생은 학교 브라스밴드 단원이거나 고교합창단 또는 교회합창단 등 음악을 가까이 하면서 고전음악 애호가로 불리던 멋쟁이었다. 여학생도 학교합창단원이 많아만나면 수줍게 음악 이야기로 꽃을 피우고 청춘을 얘기했다. 속주머니 사정이좋은 여학생이 근처 부산뉴욕제과점에서 빵을 사와서 나누어 먹으며 귀가시간이 늦은 줄도 모르던 시절이었다. 음악실에서 용두산 공원에 이르는 구름다리(지금은 철거하고 없어졌다)는 젊은이 낭만을 불러일으키기에 충분했다. 구름다리 난간에서 '라트라비아타'를 멋지게 부르는 친구를 부러워하기도 하였다. 매주 KBS노래자랑이 열렸다. 부산음악인 최익봉 씨가 아코디언을 멋지게 연주하며 반주를 맡기도 했다. 가수 남상규도 미화당 노래자랑에서 데뷔하였다.

필하모니

음악을 사랑하는 사람이 따로 있을까마는 정말 음악을 좋아하고 사랑하는 사람이라고 스스로 자부하는 조영석 씨가 어렵던 시절을 슬기롭게 극복하면서 운영하던 음악실이다. 조 사장은 KBS부산방송 라디오에 오래토록 고전음악 프로그램을 출연, 제작하기도 했다. 〈필하모니〉는 1981년, 광복동 내외샤

츠 4층에 문을 열면서 음악감상 2세대쯤에 해당하는 지금의 60~70세대가 주축을 이루었다. 김석형(음악기획), 이희석(부산대), 이승근(클라리넷), 이승호(콘트라베이스)가 중심이 되어 고전음악 동호회를 결성한 것을 계기로 상당수 회원이 마니아 그룹을 형성하고 있었다.

내외셔츠 4층에서 시작한 〈필하모니〉는 그 후 용두산 밑 부산기술고등학교 지하로, 남포파출소 근처로 옮겼다가 광복동 외국책방골목(광복로 85번길 3) 어귀로 옮겼다. 그러나 양복감을 산더미같이 쌓아둔 2층 창고에서 원인 모를 불이나 양복점 재단사가 변을 당하는 사건이 발생한다. 3층에 있던 필하모니도 온전한 게 없었다. 음반도 불타버렸고 보물 스피커도 화상을 입었다. 그러나 불타고 남은 자리에 천정을 하늘 삼아 포장을 두르고 조용히 또 다시 시작했다. 그리고는 광안리 해변시장과 김해교도소 앞, 그리고 지금 터를 이루고 있는 대연동 부산문화회관 곁 가람아트홀 2층에 자리를 텄다.

전원음악실

전원음악실은 남포동 〈별들의 고향〉이었던 건물(남포동 25-3) 3층의 음악다방으로 1977년 신윤택 씨가 경영하던 전기시절과 1979년부터 8년간 강호직 씨가 경영하던 후기시절의 두 시기로 나눈다. 전기의 신윤택 씨는 음악감각이 뛰어난 사람으로 자신이 클래식을 좋아해서 음악다실로만 경영했다. 이 시절 무명 사진작가 최민식, 천재동 둘째 아들인 미술교사 천명광 씨도 즐겨 찾았다. 50대의 무명작가 최민식 씨의 첫 사진집 출판기념회를 이곳에서 가지고 사진전을 열었다. 1979년 〈전원〉을 인수한 강호직 씨는 그 시절 귀한 단노이 아덴 스피커를 구입하여 탁자에 두었다. 원로 성악가 김창배, 해병시인이면서 시벨리우스 음악을 광적으로 사랑했던 정용해, 서양화가 필자도 자주 찾았다.

밤늦은 시각 음악실이 마칠 때쯤이면 계림(박광순 씨 경영)으로, 영도새다리(부산대교) 밑으로, 남포동 2층 생선뼈다짐 잘하는 집으로 옮겨 다니며 못다한 음악 이야기로 밤을 밝혔다.

씨앗다방

광복로 3거리 사해방 근처에 있었다. 1층은 다방으로 차만 팔았고 2층은 클래식 음악다방으로 추 씨가 1981~1983년 운영하였다. 그 후 유나백화점 모차르트 양과점을 세내어 합창음악다방을 운영하였다. 온갖 음악을 골고루 들을 수 있는 살롱음악다방을 지향했다. 클래식 동호회가 만들어지면서 토요일 오후면 모여서 정기 음악감상회를 여는 등 활발한 움직임을 보였다. 동호인 숫자가 늘어나면서 근처 새부산예식장을 빌려 음악감상회를 가지는 등 적극적으로 활동을 폈다.

무아

광복로 옛 국도레코드의 옛 건물 1층은 수다방, 2층은 무아음악실, 3층은 당구장으로 젊은이의 무대였다. 그 시기는 클래식 음악 팬이 줄어드는, 이른바 고전음악의 사양길에 접어들 무렵이었다. 무아는 젊은 층들이 주로 모여드는 곳이었기에 팝음악이 주된 감상 소재였으며, 늦은 오후시간에 한두 시간 고전음악을 들려주는 정도였다. 주인 정 사장은 실내조명을 어둡게 하고 대학 책걸상 같은 의자를 정면 스피커를 향해 줄 세워 놓고 매표소 입구에 조그만 휴게실을 만들어 흡연실로 썼다. 무아를 다녀간 DJ들은 제법 쟁쟁한 실력꾼이었다. 대중가요 '열애'를 작곡한 배경모, 작사가 지명길, 그리고 백형두, 세미, 김동진 등이 그들이다. 무아에서 DJ를 했던 이상민, 최일락 씨 등은 후에 MBC와 KBS라디오에 고정 출연하며 음악 제작과 해설을 맡기도 했다.

아카데미

남포동 극장거리 부영극장(부산극장 남쪽) 옥상의 음악실이었다. 서울에서 방송작가로 일하던 홍성표 씨가 DJ를 보면서 팝음악을 주로 들려주었다. MBC의 김영수, 부산대에 근무하던 음악마니아 이희석 씨, 음악기획가 김석형 씨들이 즐겨 찾았다. 이들은 으레 근처 음악이 있는 한마당으로 자리를 옮겼다. 한마당은 주인 조 씨가 고집스레 국악만을 들려주는 전통찻집이었는데 저녁이 되면 막걸리를 비롯한 전통술을 팔아 음악도 즐기고 술도 즐길 수 있는 쉼터였다. 당시 남성초등학교 교사였던 동화작가 강기홍 씨가 나타나면 한마당은 활기가 넘쳐났다. 달변의 강기홍 씨 이야기에 좌중은 흥이 오를 대로 올랐다. 조 사장은 당시 민예총과 관련된 순진형인 데다가 며칠씩 술만 마셔대는 기인이었지만 후에 사진작가로 데뷔하였다.

사계

전원음악실 후기 쯤에 국제시장 입구 2층(광복로 23-1)에 마련된 다방이었다. 여주인이 음악을 좋아하여 항상 음악이 흘렀다. 그런 이곳이 제법 전문성을 띠게 된 것은 부산시인협회가 주관한 시낭송회가 사계에서 열렸을 때였다. 시 따로 배경음악 따로이던 것을 안타깝게 여겨 그 자리에 있던 마니아 이희석 씨가 선곡해서 멋진 시낭송회가 된 후였다. 주인은 이희석 씨에게 매일 와서 다음날 음악 선곡을 하고 가게끔 부탁하였다. 이후 음악애호가가 즐겨 찾게 되었다. 임명수 시인이 즐겨 찾았고 아마추어 사진작가 박경석도, 클라리넷 연주자 이승근 씨도 찾았다. 한때 백조음악실의 긴 머리 아가씨가 이곳에서 DJ로 근무한 적도 있었다.

카페 떼아뜨르

카페 떼아뜨르는 중앙정보국에 근무한 키 작은 박 씨 성을 가진 이의 어머니가 무당 수입으로 4층 건물을 지어 4층은 주인이 살고 2층은 다방(밤에는 칵테일도 파는), 1층은 개인부스식 백화점이었다(광복로 49번길 17). 2층 카페 떼아뜨르는 서울사람 이수영 씨가 개업한 음악다방으로 낮에는 차를 팔고 밤에는 술도 팔았다. 떼아뜨르는 극장을 뜻하는 불어. 손님도 주류는 연극인이었다. 특히 서울에서 온 영화연극인이 즐겨 찾았다. 송승환이 부산에 올 때면 이곳 식객이 되어 숙식을 해결하였다. 카페 떼아뜨르의 신세를 졌다가 이들 서울 제작팀 눈에 들어 상경하여 뮤지컬 배우가 된 이들도 꽤 된다.

명인화랑(광복화랑)

배달순 시인이 문을 연 다방이자 화랑이다. 배 시인은 전혁림 개인전을 기획 준비하던 중 자금을 승용차에 둔 채 잠깐 내렸다가 그만 분실했다. 허탈해하는 그에게 전혁림 화백이 조건 없이 작품을 보내주어 기획전을 무사히 치른 일화가 전한다. 이후 박세령 씨가 다방을 인수하여 동양화 전문 전시실인 광복화랑으로 개명했다. 허백련 소장전, 송혜수 유화전, 광복화랑 개관기념소장전, 동양화 중견작가 부채전 등이 열렸다.

릴리다방

릴리다방은 1940년대 일본에서 미술을 전공하고 귀국한 김종식, 양달식, 임홍근, 김윤민, 김원명, 김봉자 등 당대 화가가 모여 미술이론을 토론하고 고민하던 장소였다. 일본에서 공부하고 건너온 신여성을 마담으로 고용했다. 젊은 화가들은 검은 드레스를 차려 입은 마담과 얘기 나누고 싶어서 앞 다투어 이곳을 드나들었다 한다.

목마화랑

1974년 광복동 외국서적 골목(광복로 85번길) 모퉁이 2층에 문을 연 목마다방은 시인 임명수가 예술인을 위해 마련한 쉼터로 화랑을 겸했다. 개인기획으로 김종식 서양화 초대전을 가졌다.

김원명전, 김동규전, 이석금 개인전, 최민식 사진전, 주정이·신옥진 2인전, 윤종철전 등 이 시기 의욕적으로 활동하던 부산화단의 서양화가 중심으로 전시활동을 펼쳤다.

1975년 동광동 백산기념관 근처 청자다방 자리로 옮겼다. 미술평론으로 짧은 생을 살다간 김광석 추모전을 열었으며 하인두 초대전, 임호 유작전, 임효도 사진전 등을 기획했다.

공간화랑

공간화랑은 애초 원다실 커피숍으로 문을 열었다. 1975년 초 〈어린이서울〉 편집기자였던 신옥진 씨가 건강상의 이유로 낙향하여 개관한 전시를 위한 커피숍이었다. 광복로 외국서적골목의 목마다방 곁에 서양화가의 그림을 상설전 형식으로 전시했다. 전진규 데생전을 비롯하여 서양화 15인전, 이중섭 특별전, 동경제국대학출신 5인초대전, 서상환 근작전, 김원 초대전, 화가가 그린 연하장전 등 공간기획전을 14회나 열었다. 그러면서 문계수·박유성·최봉준·김용달 유화전 등의 유화전을 열었다. 광복동 부산데파트 남쪽으로 옮겨서는 안창홍전, 권진구전 등을 열었다. 그 후 남천동과 민락동, 서면을 거쳐 지금은 동백섬 입구에서 전문 갤러리로서 건재를 과시한다.

신옥진 씨는 지금도 현재진행형이다. 한국전쟁 때 부산으로 피난 온 김은호, 변관식, 이중섭, 장우성 같은 쟁쟁한 화가가 영도 봉래동 대한도기 도자기에 그림을 그릴 때 보조한 특이한 이력도 있거니와 최근 해운대에서 도자화(陶瓷畵) 전시회를 가졌다. 개인 전시회를 여러 차례 가졌으며 고가의 명품 기증과 시집 발간 등 부산 문화계에 자신만의 확고한 입지를 갖고 있다.

TRADE

FIRST ESTABLISHED
IN KOREA

MARK

WHISKY DISTILLERS
SINCE 1951

Torage

BLENDED WHISKY

EXTRA SPECIAL

도라지 위스키

BLENDED AND BOTTLED BY

TAEJIN MOOLSAN CO.,LTD.
SEOUL, KOREA

등세종인제 185 호

TORAGE WHISKY IS THROUGHLY SEASONED
A SPECIAL PRODUCT BOASTING OF SMOOTH
TASTE AND AGREEABLE BOUQUET.

다방과 사람

김광식 수필가

-

늦은 나이에 수필에 등단했다.
첫 직장을 부산반도호텔 관리부장직으로 근무했다.
부산진구 구보에 매달 '나무이야기'를 2년째 쓰고 있다.
매달 소재를 찾는 재미가 솔솔하다. 주위의 칭찬에 힘입어 열심히 글을 쓰려고 노력한다.

70년대 다방
마담, 레지에 얽힌 이야기

_김광식

다방은 향수가 묻어나는 친근한 낱말이다. 다방하면 나는 1970년대 나의 첫 직장이 있던 옛날 중앙동 반도호텔 주변의 다방과 동광동 부산호텔 사이의 다방들이 생각난다. 그 당시는 일본 단체관광객이 밀물처럼 밀려와 소위, 기생파티 등이 한참 성행하던 시절이었다. 일본 관광객 중 조금 약삭 빠른 사람은 다방 마담이나 레지들을 현지처로 두고 매달 부산을 찾는 사람도 있었고 중앙동, 동광동 거리는 일본사람으로 항상 북적거렸다. 외화벌이에도 톡톡히 한 몫 하지 않았나 생각된다. 주로 마담 한 명과 레지 두 명 정도로 이루어진 다방이었다. 마담의 본 뜻은 프랑스어로 결혼한 여자를 일컫는 '부인'이란 말이다. 오늘날은 술집이나 다방 또는 여관 등의 접객업소에서 일하는 안주인을 가르키는 비칭으로 격하되어 쓰이고 있다.

그 당시 다방은 주위에 있는 사무실 커피배달은 물론 모든 사람의 마음의 안식처였다. 한편으로 문학과 예술을 불태운 아지트였고 맞선과 데이트의 중심이었다. 나이 든 어른들의 사랑방이자 대학생의 공부방, 직장인의 휴게실이기도 했다. 실업자의 연락처였고 회사 없는 사장님의 둥지였다. 항상 담배연기가 자욱하였고 아침부터 모닝커피를 시켜놓고 마담과 레지들의 농담을 주고받았다. 손님들이 오면 레지들이 오랜만에 만난 친정 오빠보다 더 정겹게 팔짱을 끼며 애교까지 부리는 그 분위기를 우쭐하며 즐겼다. '커피 한잔 가져와' 하는 손님의 주문이 떨어지자마자 '저도 한잔하면 안 될까요?'가 곧바로 이어졌고 그 상황에서 'No'는 존재하지 않았다. 요즘이야 커피 한잔에도 밥값보다 비싼 가격을 지불하지만 그 당시 커피 한잔은 실없는 농담과 가벼운 신체접촉의 권한(?)까지 였으니 참으로 옹골진 값어치였던 셈이다. 분위기가 넘어갔다 싶으면 마담이나 레지의 '우리 쌍화차 한잔 더하면 안 될까요?'라는 비싼차 주문이 발사되고 여기에서도 'No'는 거의 없었다. 그 시절 그렇게 분위기가 익어가는 것이 멋이었고 낭만이기도 했지만 마담이나 레지에게는 매출을 올려 주인에게 좋은 평가를 받는 인사고과 같은 것이기도 했다.

그런 손님과 레지는 거의 연예인 대접을 받았던 것 같다. 어느 다방에 멋진 레지가 새로 왔다는 소문이 들리면 그 다방에는 한동안 문전성시를 이루곤 했는데 레지가 인기를 누렸던 현상은 그 시대를 대변하는 특이한 풍경이기도 했다. 일부 그 주위 조그만 사무실의 사장은 레지의 비번인 경우 개봉관 영화구경을 시켜주며 환심을 사고 일부는 다방에서 진을 치고 있는 경우도 허다하다. 하루종일 엽차를 마시면서 다보탑이 그려진 유엔 팔각형 성냥통에서 성냥을 하나하나 꺼내어 탑을 쌓아올려 심심풀이 놀이를 하면 레지들의 눈총을 심하게 받는다. 또 테이블마다 12간지 동물이 그려진 둥근 저금통 같은 띠 별 운세통이 하나씩 놓여있는데 자신의 띠구멍에 동전을 넣으면 돌돌말린 종이가 나와 오늘의 운세를 말해준다.

또 사무실이 없는 조그만 영세업 사장은 사무실 대용으로 전화도 있고 전화도 받아주며 차도 가져다주고 항상 신문이나 잡지가 비치되어 있고 편안한 공간까지 제공하면서 비용도 적게드는 일석 삼조의 다방을 애용하는 편이다. 카운터에서 마담이 '김사장님 전화요'하면 세 명이 우르르 나왔다는 웃지 못할 에피소드도 있었다. 선거철에는 후보자나 운동원들이 다방에서 선거 홍보물을 배포하기도 한다. 대다수 다방들은 휴식과 친근감이 들도록 은은한 조명, 푹신한 의자, 창문에 드리운 커텐들의 실내장식을 한다. 거기에 레코드 판에서 나오는 음악과 다방에서 정기적으로 후원하는 그림, 조각, 서예, 사진작품 등의 전시장이 되기도 한다. 권투 중계나 프로레슬링 시합이 있는 날은 일찍부터 진을 치고 복닥거렸다. 그 당시는 주로 다방 주인이 마담한테 운영을 위임했다. 그런데 마담은 월급이 없었다. 반면 레지는 월급이 있었다. 인물이 뛰어나고 장사수단이 좋은 A급 레지는 일반 회사원의 몇 배나 되는 수익을 올렸다.

휴대전화가 없던 시절이었기 때문에 손님들은 다방전화를 자주 썼다. 한통 요금이 30원인데 마담이 전화요금을 더 달라고 하는거죠 마담이 손님한테 '**오빠 전화료 줘~**'라고 애간장 녹인 듯 말하면 기분이 좋아진 손님은 거금을 팁으로 주는 허세 좋은 사람도 있었다. 공생관계는 피차 이득을 주고 받는 관계라 할 수 있다. 어느 정도 매상을 올려준다해도 실상 아주 번거로운 존재이기도 했다. 수시로 담배 재떨이 비우랴 엽차 나르랴 시도 때도 없이 메모지 대령하랴 어지럽혀진 신문지 수습하랴 의자 등받이 커버 바로 잡으랴 종일 이들 수발에 여간 손이 가는 것이 아니다. 또 다방이 많이 생겨나다 보니 경쟁도 심했다. 평범한 모닝커피를 내놓는 다방을 따돌리기 위해 노른자를 2개씩 넣는 다방도 생기고 또 반숙도 내어놓기도 했고 심지어는 노른자가 든 쌍화차 내놓는 다방도 생겼다.

마담과 레지들은 다방을 찾는 사람들의 좋은 말벗으로 사교계의 꽃으로 사랑받았다. 그 밖에 손에 들리는 실물 홍보물로서 상호와 전화번호가 박힌 작은 성냥갑 제공은 다방마다 필수였다. 다방은 일력을 사용했는데 대체로 다방 카운터 쪽에 손님들 좌석 어느 방향에서도 잘 보이도록 걸었다. 날짜를 표시하는 숫자가 커서 눈에 잘 띄라는 의도였을 것이다. 옛날 어른들은 자잘한 글씨의 달력보다는 글자가 큼지막한 일력을 선호했던 기억이 난다. 또 하루가

지나면 한 장씩 찢어 화장지 대용으로도 그만이었다. 마담은 카운터에서 전화 받고 커피 배달을 가야하는 레지가 미적미적 거리자 마담이 재촉한다. 커피배달을 하면서 담배 심부름도 한다. 심지어 외상거래를 하는 곳도 있다. 배달 커피의 경우 레지는 사무실에 도착해 주문한 잔의 수대로 보온병을 열어 커피를 따른 후 손님들이 마시는 짬을 내서 사장님 책상과 테이블을 정리하고 걸레질을 하며 재떨이를 비우고, 햇빛가리개 커텐을 적당히 내려쳐주거나 화분에 물을 주는 등등의 자잘한 서비스를 하는 것이다. 그 뿐인가. 다방에서 끓여온 한 주전자의 구수한 엽차까지도 사무실 주전자에 가득 옮겨 채워주고 가는 것이다. 이것 모두가 다 발전한 다방 상술의 하나 였음은 말할 것도 없다. 그리고 이 같은 배달 풍습이 후일 티켓다방이니 시간제니 뭐니 하는 등으로 변질해 사회적 우려를 야기하는 꼬투리가 되었을 것이다. 또 레지들은 다방 규율이 엄해서 애인이 있으면 쫓겨나야 했고 양장에 하이힐의 레지 시절을 지나 한복 입는 마담이 되면 올림머리에 한복을 잘 차려입고 얼굴마담 즉 '가오마담'으로 승진하는 경우도 종종 있었다. 마담 형태도 책임마담과 얼굴마담이 있는 경우 얼굴마담은 차만 많이 팔면 되지만 책임마담은 수입이 부족하면 월급에서 채워넣어야한다. 마담 한명이 보통 손님 50~60명을 거느렸는데 마담이동에 따라 손님들도 다들 이쪽 저쪽으로 우르르 몰려다니기도 했다. '00 다방 맞는가? 김마담 여기 00복덕방인데 미스고 있지? 미스고한테 커피 두 잔만 가지고 오라고 해' 전화를 받은 김마담은 다방에서 제일 잘나가는 미스 고한테 00복덕방 배달 오더를 넣고 미스 고는 추운날에도 짧은 미니스커트만 걸친 채 택트(조그만 오토바이)에 보온병과 찻잔을 싣고 00복덕방을 향해 질주한다. 다방은 커피 맛이 아니라 어떤 아가씨를 고용할 것인가 가장 큰 고민이었고 가장 노력해왔던 부분이다. 또 다방문에 방울을 달아 문이 열리면 방울소리에 내가 기다리는 사람이려나? 하고 고개를 돌려 쳐다보면서 엽차가 식을 때까지 기다렸다. 다방입구에는 메모판이 있어 수많은 사연이 메모판에 꽂혀 있었다. 긴 시간을 기다리다 연인을 만나지 못한 안타까운 사연을 메모로 적은 사람, 연인을 만난다는 행복한 마음으로 왔다가 사람은 보지 못하고 메모판의 이별 통보에 아파하는 사람, 40대 중반의 생머리가 긴 마담의 환심을 사기 위해 아침부터 위티를 과시용으로 마시는 사람, 머리에 포마드 기름을 잔뜩 바르고 흰바지에 백구두를 신은 중년의 제비같은 남성이 약간 느끼한 목소리로 '0마담~홍콩에서 배만 들어오면 말이야' 운운하며 마담을 꼬드기는 풍경도 볼 수 있고 그 당시 영화배우 허장강의 영화 속 대사가 '오~오마담 이번 일만 잘되면 다이아몬드가 문제야~'하는 약간 코믹은 목소리 흉내도 유행하였다. 미모와 능력을 겸비한 마담은 스카웃 대상이었으며 신규 오픈을 할때는 몇 개월 단위로 선불을 주고 인기마담을 고용하기도 하였다. 다방의 승패는 마담과 레지가 큰 비중을 차지했다.

다방에는 낭만도 있었고 사랑도 있었고 만남과 이별도 있었으며 구슬픈 노래가락도 있었나. 또 신문배달 소년에게 진눈깨비가 오던 날 불러세워 따뜻한 엽차 한잔을 건네주는 레지누나의 온정도 있었고 의자 깊숙이 들어앉아 흐르는 음악을 들으며 담소하는 여유도 있었다. 허구헌날 사람들이 모여 차 한잔을 앞에 두고 진지한 토론을 한다. 거기에는 남녀노소가 없다. 수시로 들락거리고 화제도 무궁무진하다. 얼굴을 붉히며 목소리를 높이는가 하면 새 참석자가 올 때마다 또 새 뉴스, 새 토론이 시작된다. 이러하니 한국에선 민주주의가 발전할 수 밖에 없지 않았을까? 또 시골다방 풍경은 문을 열고 들어서면 트로트 음악소리 간드러진 레지들의 웃음소리, 그 특유의 레지들의 걸음걸이 그리고 껌씹는 소리가 입구서부터 시끄럽다. 네모난 어항이 복도 중간에 있는데 애꿎게도 관상어는 몇 마리만 흐느적거리고 마담과 젊은 레지 아가씨는 손님에 따라 교태도 짓고 거짓이지만 간혹 미묘한 눈길도 보내고 코믹은 응석도 섞으면서 단골은 단골대로, 안면 정도에 그치는 손님은 또 그런 정도로 꼼짝 못하게 해놓는 이상술은 두세명이라고 해도 영락없는 인해전술이었다. 마담과 레지가 좌우에서 혼을 뺀 뒤 자기들 몫의 음료나 찻값을 얹어 손님으로 하여금 아얏소리 한마디 못한채 계산토록 하는 기막힌 전술을 발휘하는 것이다. 주로 시골다방이나 변두리 외곽 쪽 다방에서 볼 수 있었던 풍경이지만 마담과 레지의 서비스가 더욱 발전해 때때로 단골손님에 대해서는 스킨쉽으로까지 이어지기도 했다. 손님의 피로를 풀어준다는 명목으로 팔, 어깨를 주무르기도 하고 손금 같은 것을 봐주는 척 옆에 붙어앉아 손님의 손을 떡 주무르듯 하던 장면이 흔히 목격되곤 했다. 이 경우 남자의 손이 슬며시 여자의 허리 뒤로 돌아가 있음은 물론이다. 마담이나 레지와 손님과의 관계는 그것이 종종 예기치못한 문제로 발전해 화제가 되기도 했다. 물론 결말은 대개 하나의 해프닝으로 끝나기 일쑤지만 또 시골 장날엔 얼큰하게 한잔하신 영감님들이 마담과 레지에 정신이 팔려 그날 매상 반을 헌납하고 다음 장날 할머니가 찾아와 '이 도둑년아!'하고 고래고래 고함을 지르는 진풍경도 종종 볼 수 있다.

70~80년도엔 광복동, 남포동, 동광동, 중앙동에 우후죽순처럼 다방이 마구 생겨나고 있었고 '르네상스'나 '에튜드'같은 음악감상실이 생겨나기 전까지 음악실의 역할까지도 하면서 향촌다방, 심지다방, 거상다방, 성궁다방 등 그 당시 이름 날리던 다방들이 한 시대를 풍미했다. 그 당시 사람 치고 마담이나 레지와의 사연 하나 없는 사람도 없을 것이다. 아무런 목적도 없이 그냥 노닥거리며 시간을 보내려고 다방에 가는 사람들도 꽤 많았다. 다방에 들어서면 낯익은 마담과 레지가 경쟁하 듯 환하게 맞아줬고 손님이 자리에 앉으면 어김없이 옆자리에 살포시 앉으면서 속 보이는 친절을 떨었다. 나도 그 시절 다방은 나만의 아지트 같은 공간으로 남아있는데 친구들과 만나 떠들었던 곳이고 자신의 고민을 털어놓기도 하고 인생에 대해 진지하게 생각하며 미래를 사색하던 곳이었다. 겨울날이면 다방 난로 위에 낡은 주전자를 끓여낸 엽차와 함께 홍차에 위스키 한방울을 넣어 마셨던 추억도 되살아난다.

또 중앙동 거상다방 레지에 얽힌 일들이 아직까지 자꾸 생각난다. 그 당시

1973년도 피아트 승용차를 타고 친구들과 어울려 놀러다닐때

거상다방 o양은 전남 해남에서 갓 올라온 아가씨로 기억된다. 레지의 초보자랄까. 가끔 주방일을 도와주고 홀 서빙도 하는 왕초보였다. 꾸밈없는 구수한 전라도 사투리 냄새도 좋았고 도시의 환경에 적응하지 못해 당황하면서도 수줍어하는 모습도 좋았으며 실수하는 모습까지도 예뻤다. 내가 위티를 한잔 사주면 큰 몫이나 한 듯 마담에게 으스대기도 했고 얼굴은 화장이라고 했는데 뭔가 어설프고 그런 모습이 내겐 너무 좋았다. 나는 거의 매일 출근하다시피 했고 내가 하루도 가지 않을 경우 은근히 기다리고 있었다고 했다. o양의 비번날 친구와 '피아트'승용차를 빌려 송정, 일광 바닷가로 놀러가 회도 먹고 멍게, 해삼도 먹었다. 바닷가 출신이라 o양이 그렇게 좋아할 수가 없었다. 나도 순진한 o양 모습이 그냥 좋았다. 지금쯤 o양은 어디서 무얼하고 있을까? 나처럼 많이 늙어있겠지. 예쁘게 늙은 o양 모습이 보고싶고 그 시절로 되돌리고 싶다. 낭만이 있었고 순수성이 있었다. 이것이 아름다운 추억이고 기억이다. 지금도 그 시절 생각을 하면 피식 미소가 지어진다.

이렇게 다방은 우리 삶에 중심에 있었다. 그 시절 그리운 것은 다방이 있었기 때문 아닐까? 다방은 세계 어디에도 없는 한국만이 가지고 있는 독특한 문화라 생각된다.

김옥균 클래식음악해설가·시인

–

MBC 부산문화방송에서 약 25년간 PD로 근무하였다.
퇴임 후 프리랜서방송작가, 공연기획자, 알바트로스시낭송회 회장, 합창단지휘자,
통기타라이브카페가수, 시노래작곡가, 음악치료사 등 돈이 안 되는 짓을 안 해본 것 없는
이 시대의 낭만파 가객, 자유음악인이다.
아직도 2만 8천 여곡의 음악이 머릿속에 입력되어 있고, 현재는 백화점 문화센터에서
클래식음악을 전파하는 클래식음악해설가로 활동하고 있다.

추억의 턴테이블은
돌아가고

_김옥균

여는 글

우주선 내에서 컨트리 노래와 비틀즈 음악을 들었다고 한다.

생명체라고는 없을지도 모르는 외롭고 무한한 우주공간에서의 우주비행사들에게 컨트리 노래와 비틀즈의 음악이야말로 최고의 즐거움이요, 최대의 위안이 되었을 것이다. 그런 음악들을 애초에 대중들에게 알린 주인공은 방송국의 DJ와 다운타운가의 음악다방 DJ들(디스크자키 Disc jockey) 이었다.

학창시절에 즐겨 들었던 스모키(Smokie), 존 덴버(John Denver), 카펜터즈(Carpenters), 엘튼 존(Elton John), C.C.R의 노래를 비롯해 8트랙용 카세트, 소풍가서 야외전축에 백판을 틀어 놓고 탐 존스(Tom Jones)의 노래 〈Keep on Running〉에 맞춰 막춤을 추던 시절, 누구나 한번쯤은 가 보았을 고고장의 문화, 청바지 뒷주머니에서 도끼 빗을 꺼내 장발의 긴 머리를 쓸어 올리던 그 시절. 장발의 문화, 통기타의 문화 속에 청춘을 보냈던 분들이라면 음악다방에서의 다방DJ와의 추억을 잊지 못할 것이다.

음악다방의 DJ 문화는 비단 그 시절을 보낸 세대, 즉 단지 옛 것만을 기억하는 세대의 추억 찾기 코드가 아니라 문화로서 전혀 공감대가 형성되지 않는 세대와 세대끼리의 만남에서 음악을 통해 70, 80년대가 가진 순수한 열정, 아날로그 감성, 가슴 따뜻한 낭만을 공유해 볼 수 있는 의미 있는 시간이 되리라 생각해 본다.

전 세계적으로 DJ(디스크자키)열풍이 몰아닥친 70년대부터 90년대 초반까지의 음악다방이야기와 다방DJ에 대한 추억이 필자의 가슴속에도 남아 있으므로 추억여행을 떠나보기로 하겠다.

추억이 남아있는 부산의 음악다방

1970년대부터 부산의 남포동과 광복동에는 자갈치 시장과 용두산 공원 등의 휴식공간이 제대로 되어 있어서 대학생이나 젊은이들로 붐볐다. 그러다 보니 남포동 광복동, 신창동 일대는 음악다방이 많이 포진해 있었다.

속칭 '판돌이'라는 DJ(디스크자키)가 LP판을 골라서 신청곡을 들려주는 음악다방과 다방 DJ들이 부산의 다운타운가에는 70~80년대에 스타처럼 포진해 있었다. 음악다방DJ에 대한 얘기를 꺼내기 위해선 당시 부산의 음악다방을 알아봐야한다. 물론 이것도 필자가 아는 범위 내에서 임을 밝혀둔다, 그 이상의 음악다방이 부산에는 많았다.

1965년경 차츰 음악 감상실이 라디오방송 앞에서 자취를 감추면서 기존의 다방 형태에서 음악을 앞세운 음악다방이 본격 등장했다.

음악다방은 음악 감상실처럼 DJ가 멘트를 하다가 음악만 틀어 주는 형식으로 바뀌어 갔는데, 그 발단이 된 것이 '황금다방', '수다방'이고, 서면에서는 당시 부산상고 육교 건너편에 있었던 '꽃사슴다방'이 원조다. 꽃사슴다방은

1995년 7월에 문을 닫았다.

• 광복동에는 은행나무거리에 '하늘소 음악다방'과 전문 악감상실인 '무아 음악 감상실'이 있었고 경양식도 함께 팔았던 '둘반 음악다방'도 있었다. 이 둘반 음악다방에서는 현재 가요작곡가로 활약하고 있는 '김수희-애모'의 작곡가인 유영근 교수도 당시 알바(아르바이트DJ)를 하고 있었다.

• 부산극장 앞의 '동궁다방'(이광복 DJ)

• 부영극장 앞의 '고궁다방'(김성호 DJ)

• 왕자극장 앞의 '성궁다방'의 DJ들

• 제일극장 옆 1,2층식 건물로 된 '청다방'

• 국도극장 지하에 있었던 '나무그늘 다방', '신라다방'과 '밀다방'

• 남포극장 옆의 '돌다방'

• 자갈치 시장 동명극장 앞 지하에 '송원다방', '윤경다방'

• 남포동 피닉스 호텔 옆에는 음악다방인 '약속다방'

• 70년대 말 국제시장 안 쪽 현재의 한국통신건물 부근에 '황금다방'등이 있었다.

• '오아시스다방', '88음악다방'등에는 정 진, 정동호, 김태식 등의 음악 전문 DJ들이 활약을 했었는데 '김태식' 씨는 가수 김수희씨와 결혼을 한 부산MBC 방송의 DJ로 활동한 제주MBC PD겸 DJ 이다.

• 용두산 공원 안에 있은 '팔각정다방'에서는 한강진, 이억수, 김종훈, 양지훈, 이상열 등과 같은 음악전문 DJ들이 활약 했었다.

• 동대신동의 '갈채다방' 홍성표 DJ(홍성표 DJ는 서울 MBC방송에 스카우트되어 나중에는 유명한 방송작가로 변신 하였다)

• 광복동 '목촌다방'의 송승익DJ, '블루스 2'에 김지윤DJ

• 하늘소다방의 김정재, 종각집이 있었던 신창동의 88 음악다방의 정동호,

김관식DJ

• 남포동 '별들의 고향'의 김정한 DJ

• 음악다방은 아니었지만 경양식을 팔면서 음악다방 역할까지 했던 오늘날의 카페가 당시에는 꽤 많았었다. 그 가운데에서 오늘 흔히 말하는 다방DJ들이 '알바'를 뛰기도 했던 '다다 경양식' 집과 '유나백화점' 옥상에 있었던 '그린힐 스카이라운지 카페'가 있었는데 그 카페에는 한강진, 김정재, 김성호, 박태수, 윤주은, 최인락, 등의 DJ들과 여자DJ 들도 상주하여 주가를 올리고 있었다. 다다 식당에서는 개그맨 전유성씨, 가수 하수영씨 있었고 가수 '새샘트리오'등이 전속으로 출연하기도 했는데 1985년에 문을 닫았다.

• 음악다방과 경양식 집도 아니었지만 다방 DJ들이 비교적 많이 활동했던 또 다른 곳이 광복동 구둣방 골목에 있었던 수많은 '학사주점'이다

광복동 거리 구둣방골목에 있던 또 다른 사람들의 만남의 장소 학사주점과 학사주점의 DJ들도 음악다방만큼 있었다.

그 학사주점의 음악DJ들은 멘트는 하지 않고 손님들이 신청한 음악들을 틀어만 주는 속칭 판돌이 들이 많았지만 학사주점의 일부 사장(점주)들은 당시 인기 있는 음악다방의 DJ들을 스카우트해서 멘트까지 시키는 곳도 있었다. 그리고 학사주점이 조금 발전하여 '자이언트 호프집', 'Moon 호프', '다다경양식' 같은 대형 호프집으로 업태를 변경한 곳도 있었는데 거기에서도 다방 DJ들이 있었다. 자이언트 호프집과 문 호프, 다다경양식 레스토랑은 부산에서 라이브 공연이 대중문화의 중심으로 자리 잡는 데 크게 기여한 공간이었다.

그때의 인기 DJ들로는 김정제, 김병남, 김원형, 정국현, 조용준, 명노성, 김정한, 하용한, 구철희, 강차동, 정찬열, 최경수 등이 있었고, 대형호프집 자이언트의 조상곤, 최창규 DJ, 무아음악감상실에는 이상민, 윤주은, 박태수, 정병호, 신현민 등의 인기 DJ가(음악다방 DJ 포함) 있었다.

부산의 다방 DJ의 역사와 대중문화발전에 기여한 점

DJ 즉 '디스크자키'를 팝송같은 외국음악만을 들려주는 직업쯤으로 생각하는 사람이 많은 것은, DJ라는 미국적인 직업의 탄생시기가 한국전쟁 이후 미국문화가 대량으로 유입되던 시기에 외국음악 특히 영어권의 대중음악을 선보일 수밖에 없었던 시대적인 이유다. 하지만 30여년이 지난 지금의 상황은 많이 달라졌다. 우리 대중음악의 연주역량이나 음질면의 혁신은 실로 대단하고 외국의 수준을 능가하는 위치에 다다랐다. 한국의 젊은 아이돌그룹 방탄소년단(BTS)이 세계적인 음악 전문 차트지 '빌보드(Billboard) 음악순위 차트'에서 1위를 거머쥔 사실은 어느 누가 상상이라도 했겠는가. 한마디로 K-Pop 가요를 전 세계인이 감상하는 시대에 와 있는 것이 현실이다. 하지만 비록 미국식의 음악 문화로 출발하긴 했지만 K-Pop 가요가 성행하기 이전의 '통기타음악' 즉 Folk Song Music을 내용과 깊이가 있었던 '7080 포크송'이 70, 80년대의 대표음악으로 발전시킨 장본인들이 바로 음악다방 DJ들이고, 그러한 DJ들과 통기타 가수들과의 만남에 의해 만들어진 우리 문화사의 훌륭한 업적이라 생각한다.

방송으로는 외면당했던 심도 깊은 내용의 의식 있는 노래들, 그러면서도 서정성을 잃지 않았던 노래들을 당시의 통기타 가수들은 만들고 DJ들은 전하였다. DJ들의 빛나는 예지가 한층 높았던 시대라고 생각한다.

음악다방 DJ들의 보수, 월급이 적었지만...

한 편, 다방 DJ들은 인기에 비해 그들이 받았던 보수는 너무 적었다. 70년대는 4만원, 5만원을 받았고 메인은 12만원, 80년대 초반은 메인이 17~18만원을 받았고, 80년대 후반에서 90년대 사이에도 20만원, 25만원 수준으로 월급을

받았다. 참고로 그 당시 '생맥주 1,000CC 한 잔에 1천원'할 때이다. 여러분도 계산 해보면 다방 DJ들에 대한 대우가 열악했다는 것을 알 것이다. 그러나 단지 음악이 좋아서 그 당시부터 2018년 오늘날까지 그 업을 이어오고 있는 DJ 들도 있다. 무아음악감상실 막내 DJ출신의 정병호 씨와 고참 DJ격인 윤주은 씨는 지금도 국제시장에서 〈상호: 음악에〉〈상호: 꼬맹이무아〉라는 이름의 작은 카페를 운영하면서 음악다방과 음악 감상실DJ 형식의 업태를 이어오고 있다. 그리고 음악다방 DJ로 활동을 했었던 DJ 가운데 양지훈, 조용준, 강세민, 박정환, 김현민 씨는 2018년 현재까지 공중파 방송국에서 DJ로 활동 중이다.

한 차원 높았던 전문음악감상실
- 부산의 음악다방 DJ들의 산실 [무아음악감상실]에 대하여

1969년 여름, 미국 우드스탁에서는 수십만의 미국의 젊은이들이 모인 가운

데 POP역사에 한 획을 긋는 우드스탁 뮤직페스티발이 열리고 있었고 같은 시간 지구의 저편에서는 또 다른 미국의 젊은이들이 베트남 전쟁이 한창이었던 1970년 여름 부산에서는 전문음악감상실 '무아'가 태어난다.

부산의 다운타운가에는 강산이 두 번씩이나 바뀌도록 대중문화의 발전을 위해 분투하면서 삶의 자양분을 나누어 주고 있는 곳이 있었는데, 바로 〈무아 음악 감상실〉이었다.

70-80년대 젊음과 낭만을 대변하던 광복동 거리가 80년대 말에 와서 많이 변해 버렸다. 음악다방들이 하나둘씩 문을 닫고 사라졌고 즐비하게 늘어선 패션가게가 거리를 메워가고 있었다. 그것을 아쉬워하면서 음악의 산실 무아음악감상실이 그곳에 있었다.

당시 전국에서 명성을 날렸던 서울의 〈르네상스 음악실〉도 경영난에 허덕이다가 문을 닫은 지 오래인 지금, 영리를 목적으로 하는 일종의 영업소가 한 종류의 업종으로 어려운 경영난을 이겨내면서까지 20년 동안 '전문음악감상실'로서 오직 한 길을 걸었던 음악 감상실은 〈무아음악감상실〉이 유일하였다.

그것도 전국에서 땅값이 비싸기로 소문난 광복동에서 20년 동안 우뚝 서있었던 전국 유일의 전문음악실 〈무아〉는 바로 이 땅의 대중문화의 산실이요 살아있는 역사가 아닐 수 없다. 처음 문을 열었던 당시 어려운 여건 속에서도 음악을 위해 젊음과 열정을 불태웠던 20여명의 DJ들 가운데는 '고 배경모', '고 유문규'(당시 부산MBC라디오 별밤DJ) '백형두', '강동진'(울산 MBC PD), '진형완'(전 부산 MBC PD 현재 미국 L. A 한인방송 사장), '석송'(당시 서울 CBS PD), '지명길'(현재 가요 작곡가 평론가)등과, 이상민(MBC 라디오 방송에서 필자가 '별밤' 라디오방송프로그램의 PD로 근무 할 때 인기 DJ로 활약하다가 10년 전 미국으로 이민을 갔다), 윤주은, 박태수, 정병호, 신현민, 변영균, 김갑수, 정경찬, 정원경, 이창완, 정철, 김태식, 정인회, 유대영, 최인락, 이길영, 김시경, 김정재, 이현철, 김 욱, 유경수, 설리진 등의 남자 디스크자키와 박현미, 설효숙, 이은정, 이정혜 등의 여성DJ도 있었는데, 전국의 매스컴과 연예계에서 그 실력을 인정받아 현역으로서 뛰던 그 주인공들이 음악다방 DJ 출신들 보다 〈무아음악감상실〉출신 디스크자키가 더 많았다.

에피소드, 다방 DJ와 음악감상실 DJ의 차이점

손님들이 음악을 신청하는 메모지를 비치하는 음악다방도 더러 있었지만 담배를 좋아하는 DJ에게 담배개피 곁에 리퀘스트 음악곡목을 적어 보내 신청음악을 듣기도 하였다. 자신의 신청음악을 먼저 틀어준 어떤 손님은 DJ에게 커피보다 비싼 오렌지쥬스를 선물하기도 했다.

당시는 나이트클럽에서 일하는 '디스코 DJ'도 많았는데 댄스음악을 내보내는 디스코 DJ들과, 일반DJ들과는 달리 디스크 구입에도 차이가 있었다. '백판'(일명 해적판 레코드)을 주로 사용한 그들과 달리 무아음악감상실 DJ 들은 정식 라이선스 디스크를 많이 사용했다.

다방DJ들은 만남에 어울리는 분위기를 연출하여 음악을 주로 틀었고 음악감상실 DJ들은 당시 퀴즈대회 등의 삶에 유익한 프로그램과 시낭송 등 사색적 분위기를 연출하였고, 인기가수를 초청하여 라이브공연을 열었던 곳은 무아음악감상실 밖에 없어서, 음악다방 DJ들의 동경의 대상이 되기도 하였다. 무아음악감상실은 당시 오늘의 방송국 못지않은 전문성 있는 음악프로그램을 기획하여 대중음악을 사랑하는 팬들에게 다가 갔었다.

80~90년도 무아음악감상실 DJ들이 통계를 내어놓은 관객 신청음악

[사랑받는 POP MUSIC] Best 5

가 수	제 목
ENGELBERT HUMPERDINCK	IN TIME
JANIS JOPLIN 외 다수	SUMMER TIME
GARY MOORE	PARISIANNE WALKWAYS
PINK FLOYD	GREAT GIG IN THE SKY
ROBERTA FLACK	KILLING ME SOFTLY WITH HIS SONG

[사랑받는 가요앨범] Best 5

김 현 식	김현식 Ⅲ(비처럼 음악처럼)
노래를 찾는 사람들	노래를 찾는 사람들 2 (광야에서)
시인과 촌장	숲(가시나무)
이 동 원	이동원 Ⅱ(애인)
한 영 애	한영애(여울목)

속칭 '판돌이'라는 DJ가 LP판을 골라서 신청곡을 들려주던 음악다방

팝송 다방DJ 사이에서 빛났던 '클래식다방 음악DJ'

70년도 말에서 1980년 초반에는 팝송을 틀어주는 다방 DJ들이 있었던 다른 한쪽 구석에 '클래식음악'을 틀어주는 클래식 음악다방이 있었고 그 다방에 는 '클래식음악 다방 DJ'도 몇 명 있었는데 백조 다방, 오아시스 다방, 보리수 다방, 창선동의 카페테리아 등의 클래식음악다방이 있었고, 한편 남포동 별들 의 고향 3층에 있었던 '전원 다방'에는 순수한 클래식 음악만을 내보내고 있었 는데 그 당시 필자도 MBC PD로 입사하기 전부터 2년 동안 '클래식다방DJ'를 아르바이트로 하고 있었다.

군대를 제대하고 음대 3학년으로 복학한 필자는 클래식전문다방 '전원다 방'에서 클래식 음악다방 DJ로 활동했다. 그때는 손님들의 신청(클래식음악)을 쪽지로 받으면 클래식음악 LP를 '턴테이블'에 얹어 놓고 얼른 밖으로 나가 유리벽 DJ BOX 앞에 걸려있는 '칠판'에 방금 내보낸 클래식음악의 곡목과 연주자 (지휘자, 오케스트라 이름 등)을 멘트 대신 흰색 분필로 상세히 적어 놓아야 하는 나름의 DJ 철칙(?)이 있었다. 예를 들면 "BEETHOVEN PIANO CONCERTO No.5, E flat Major Op. 73 'Emperor' - 베토벤 피아노협주곡 제 5번 E플랫 장조, 작품 73, 일명 〈황제 협주곡〉, 지휘자 OOO, 관현악단 OOO, 피아노 연주자 OOO" 이라고 칠판에 빽빽하게 쓰고 얼른 뮤직 박스로 돌아와 다음 곡을 준비하곤 하였다. 그런 수련(?) 덕분에 나는 수 천 곡의 클래식음악들을 숙지하여 통째로 외울 수 있을 정도까지 되었고 그 실력을 쌓아서 MBC에 공채 음악전문PD로서 합격을 할 수 있었다. 필자가 방송에 입사를 한 후 클래식다방 DJ 아르바이트는 그만두었지만 그로부터 몇 년 동안은 클래식다방 DJ들도 맥이 이어지고 있었다. 그 후 클래식음악 다방들이 경영의 어려움을 겪다가 조금씩 문을 닫았고 90년도 후반기에 와서는 하나도 남지 않았다.

맺는 글

음악다방 DJ들이 활동하여 실력을 인정받고 방송국 DJ로 진출하여 인기를 누리던 그 시절, 분명 그 시절에는 라디오를 빼놓곤 대중문화를 말하기는 힘든 시절도 있었다.

1971년 록 음악 역사상 가장 위대한 명반 중의 하나인 Mountain - 〈Nantucket Sleighride〉 1979년도 'Electric Light Orchestra'의 〈Midnight Blue〉같은 음악들은 CD로 바뀔 때 깨끗한 음질이 왠지 너무 기계적이어서 싫다며 괜스레 LP를 고집한 음악 마니아들도 있었는데 그 미묘한 느낌의 차이를 지금의 세대들이 알기나 할까?

그런 음악을 쉽고 친근하게 전파해준 70, 80, 90년대 음악다방의 DJ들. 그

분들이야 말로 오늘날 '소통 문화의 진짜 주인공'이었다. 버튼 하나만 누르면 얼마든지 듣고 싶은 음악을 들을 수 있는 손 안의 컴퓨터를 들고 다니는 21세기는 스마트폰의 세상이 되었지만 듣고 싶은 음악을 쉽게 들을 수 있는 통로가 흔하지 않던 시절 70~80년도까지는 음악다방에서의 청취음악은 문화적 갈증을 채워주던 유일한 통로였고 스피커를 통해서 흘러나오는 DJ의 한 마디 한 마디에 귀를 쫑긋거리며 온갖 상상의 나래를 피웠던 학창시절의 추억을 오랫동안 간직하게 해준 그 주인공은 가수도 연예인도 아니었다. 연예인보다 더 귀한 한 시대를 주름잡고 풍미했던 주인공은 바로 음악다방 DJ들인 것이다.

부산의 사라지지 않은 대중문화와 턴테이블의 음악이 주름 잡던 추억의 음악다방 DJ! 아마 그 시대 최고의 연예인이었다고 해도 과언이 아닌 그때에, 이분들이 없었다면 우리들의 삶은 억수로 황폐했을 것이다.

그때 그 추억의 음악다방 DJ님들의 건강과 안녕을 기원하면서 한국인이 가장 사랑했던, 그리고 1979년 당시 다방 DJ들이 가장 사랑했던 팝송 'Electric Light Orchestra'의 〈Midnight Blue〉음악을 소개하면서 이 글을 맺는다.

Midnight Blue(ELO) - 미드나잇 블루(이엘오)

I see the lonely road that leads so far away.

아무리 걸어가도 끝이 없는 그대에게 이르는 그 외로운 길을 오늘도 난 바라봅니다.

I see the distant lights that left behind the day.

오늘도 또 해가 저물고 희미한 불빛들이 하나 둘 켜집니다.

But what I see is so much more than I can say.

하지만 말로는 다 표현할 수 없는 그 모습을 보았습니다.

And I see you in midnight blue.

바로 그건 어두운 한 밤중에 우수에 잠긴 그대 모습이었습니다.

I see you crying now you've found a lot of pain.

견디다 못해 울고 있는 당신의 모습이 보았습니다.

And what you're searchin' for can never be the same.

당신이 그토록 찾아 헤매던 사랑이 나 같은 사람이 아니라는 건 잘 알아요.

But what's the difference 'cause they say what's in a name.

하지만 겉모습만 다를 뿐이지 그대가 찾는 것은 진실한 마음을 가진 사람이 아닌가요?

And I see you in midnight blue.

오늘도 어두운 한 밤중에 우수에 잠긴 그대 모습에 마음이 무거워집니다.

I will love you tonight and I will stay by your side.

오늘 밤, 그대 곁에 있으면서 그 마음을 돌려놓고 싶어요.

Loving you, I'm feeling midnight blue.

그대와 함께 한 밤의 고독을 느끼고 싶습니다.

동길산 시인

–

부산에서 태어나 부산대 경제학과를 졸업했다.

조숙해서 초등학교 다닐 때 이본 동시상영 극장에 죽쳤고 다방에서 살았다.

시집 다섯 권과 산문집 다섯 권, 그리고 한국 신발 100년사 〈고무신에서 나이키까지〉를 펴냈다.

세월호 희생자 304명을 추모하는 304행 장시 '세월호'(2015년 4월 1일 부산일보 게재)를 썼다.

도라지위스키
'위티'를 아시나요?

_동길산

굳은 비 내리는 날/그야말로 옛날식 다방에 앉아/도라지위스키 한 잔에다/짙은
색소폰 소릴 들어보렴/새빨간 립스틱에/나름대로 멋을 부린 마담에게/실없이 던지는
농담 사이로/짙은 색소폰 소릴 들어보렴/이제 와 새삼 이 나이에/실연의 달콤함이야
있겠냐마는/왠지 한 곳이 비어 있는/내 가슴이/잃어버린 것에 대하여 - 최백호 '낭만
에 대하여' 1절

집에서 다방을 했다. 초등학교 삼사 학년 때부터였다. 대학 졸업하고 몇
년 더 했으니 햇수론 15년 남짓 되지 싶다. 연대로 따지면 1970년대 초반부터
1980년대 후반까지다. 한 군데서만 한 건 아니다. 부산역 인근 초량에서 시작
해 반송에서도 했고 범어사 입구 청룡동에서도 했다.

약간은 부끄러웠다. 열 살 언저리부터 스물 중반에 이르는 그 무렵, 집에
서 다방을 하는 걸 쉬쉬했다. 물어보면 말했겠지만 구태여 드러내진 않았다.

어린 나이에도 감추고 싶은 무엇이 있었던 모양이다. 다니는 학교가 멀리 떨어져 있어 아는 친구는 별로 없었다. 초등학교 단짝 정도였고 고교 동기 몇이 알았다.

집은 다방과 붙어 있었다. 다방 주방을 사이에 두고 이쪽은 다방, 저쪽은 주거공간이었다. 다방에서 일하는 사람은 주거공간을 '내실'이라고 불렀다. 다방 출입문과 내실 출입문은 따로 있었다. 삼남삼녀 우리 남매는 다방을 통하지 않고 드나들었다.

다방 주방은 내실 부엌 역할도 했다. 주방장이 따로 있어 손님이 주문한 차와 일하는 사람, 그리고 우리 가족 식사를 담당했다. 그래서 주방장과 친하게 지냈다. 초등학교부터 주방에 앉아 주방장이 들려주는 군대 이야기, 여자 이야기를 들으며 조숙했다.

주방장 이야기를 듣는 중간중간 주문전표가 들어왔다. 축구공 하나 정도 드나들 공간으로 전표가 들어왔고 주문받은 차가 나갔다. 손님이 얼마나 들었는지 보려고 머리를 빼쭉 내밀었다가 야단맞기도 했다. 영업이 끝난 뒤는 다방에서 컬러TV를 시청할 수 있었지만 그전에 얼씬거렸다간 매서운 눈총을 받고 거꾸러졌다.

내가 다방을 정식으로 드나든 건 대학 다니면서였다. 학교 앞 다방이거나 시내 음악다방이거나 했다. 80학번이니 1980년대 다방은 어렴풋하나마 기억에 남아 있다. 레코드 가득했던 통유리 DJ실이며 다방 이름과 전화번호 등이 인쇄된 작은 성냥갑 등등. 성냥갑은 뒤에 라이터로 바뀌었다. 친구 누나가 경영하는 대학 레스토랑에서 DJ를 잠시 한 적도 있다.

1970년대 다방 정경도 기억난다. 다방을 정식으로 출입한 건 1980년부터였으니 내가 기억하는 70년대 정경은 순전히 집에서 봤던 것들이다. 머리를 빼

라벨 표기는 한글 도라지와 영어 Torage를 병행했다
사진제공 – 대한민국 술테마 박물관

쭉 내밀어 순간적으로 일별했던 정경이거나 영업이 끝난 뒤 TV를 보면서 둘러봤던 정경이다. 그리고 주방에서 주방장 이야기를 듣는 동안 전표에 맞춰 내놓던 차들….

최백호 노래에 나오는 도라지위스키는 지금도 기억에 선하다. 다방에선 술을 팔지 않았지만 위스키만큼은 '위'라는 메뉴로 팔았다. 앙증맞은 양주잔에 따라서 팔았다. 양주잔 반만 따르면 위 싱글, 가득 따르면 위 '따블'이었다. 주로 쓰던 위스키가 최백호 노래에 나오는 도라지위스키였다. 위는 좀 비싼 편이라 대개는 돈푼깨나 지닌 한량이 다방 '레지'나 마담에게 수작 거는 선심용이었고 작업용이었다. '위티'도 있었다. 위스키에 티(Tea, 홍차)를 섞었다.

일본 산토리에서 내놓은 위스키 도리스(TORYS)와 상표 분쟁이 붙으면서 발음이 비슷한 도라지로 바뀌었다
사진제공 - 대한민국 술테마 박물관

다방 주방 찬장엔 '문화인의 양주' 도라지위스키가 여러 병 있었다. 라벨 표기는 한글 도라지와 영어 Torage를 병행했다. 크기나 생김새는 진로포도주와 비슷했다. 납작병도 있었다. 1970년대 초반 동네 동시상영 극장을 자주 드나들면서 봤던 영화에 장동휘와 박노식이 싸우는 장면이 나온다. 싸우다가 지친 나머지 그만하자며 벗어둔 윗도리 주머니에서 납작병 위스키를 꺼내어 권하는 장면이 있다. 초등학생이었지만 나는 금방 알아차렸다. 그게 도라지위스키란 걸.

"도라지가 들어있어 도라지위스킨가요?" 인삼주에 인삼이 들어가듯 도라지위스키에 도라지가 들어갔을까? 모르는 사람은 그렇게 생각하기 쉽다. 그건 아니었다. 상표가 도라지였다. 일본 산토리에서 내놓은 위스키 도리스(TORYS)와 상표 분쟁이 붙으면서 발음이 비슷한 도라지로 바뀌었다.

도라지위스키는 모조였지만 한국 최초 위스키였다. 그리고 부산 브랜드 위스키였다. 서구 토성동 국제양조장에서 만들었다. 일본에서 향료와 색소, 주정을 들여와 1956년 5월 도리스위스키로 팔았다. 상표 분쟁 이후 1960년 2월 도라지위스키로 상표를 바꾸었다. 캡틴큐 오촌 당숙쯤 생각하면 된다.

모조라서 값은 쌌다. 미군이 마시던 양주의 절반 이하였다. 인기가 치솟자 또 다른 모조 위스키가 등장했다. 서울에서 백양위스키, 쌍마위스키, 오스카위스키 등 모조가 속속 등장하면서 1960년대 후반은 모조 위스키 전성시대였다. 도라지위스키는 부산 브랜드였기에 부산 다방 태반이 선호했을 것으로 짐작한다. 일본인이 드나들던 중앙동 좀 고급스러운 다방은 국제시장 깡통시장 외제 양주를 썼다. 외제 양주에 소다수를 섞은 하이볼도 한량이 곧잘 찾던 메뉴였다.

처음 나와 히트한 신제품이 오랫동안 시장을 장악하는 법. 그 제품을 총칭하는 대명사가 되기도 한다. 대표적인 게 럭키화학 럭키치약이다. 우리 어릴 때는 럭키치약은 럭키화학에서 만든 치약이 아니라 모든 치약이 럭키치약인지 알았다. 도라지위스키도 그랬다. 한 시절 모든 위스키의 대명사였다. 1956년부터 1976년까지 풍미했던 도라지위스키에 대한 경의이자 그리움이 최백호 '낭만에 대하여' 그 구절이다.

도라지위스키 마지막 세대라고 호언하는 최백호(1950~)는 부산 사람이다. 기장군 장안읍 좌천리에서 태어나 가야초·동래중·가야고를 나왔다. 아버지 최원봉(1922~1950)은 동래고 출신. 일제강점기 항일학생운동 노다이 사건에 가담했으며 영도에서 제2대 국회의원을 지냈다. 최백호가 태어난 해 현직 국회의원이면서 의문의 교통사고로 사망했다.

도라지위스키가 노래 덕분에 뜨긴 했지만, 칠십년대 다방의 대표 메뉴는 당연히 커피였다. 하루에 백 잔을 팔았다면 육칠십 잔이 커피였고 위스키류는 열 잔이 채 되지 않은 거로 기억한다.

어떻게 아느냐고? 영화 티켓 절반 크기 주문전표는 거꾸로 박은 주방 대못에 차근차근 꽂아 두었다가 영업이 끝난 뒤 무엇을 몇 잔 팔았는지 정산했다. 어린 마음에도 하루 매상이 궁금했으므로 그걸 눈여겨보곤 했다.

커피는 증류해서 뽑았다. 물이 담긴 커피 주전자에 커피 가루를 담은 유리 비커를 고정해서 가열했다. 물은 끓으면서 비커로 상승해 커피 가루와 섞였고 섞인 물은 다시 주전자로 내려왔다. 그게 커피였다. 주방장이 잠시 자리를 비우면 초등학생인 내가 커피를 끓이기도 했으니 나는 당대 최연소 바리스타였던 셈이다.

당시 다방에서 취급한 커피는 다섯 종류였다. 일반 커피와 설탕을 타지 않은 블랙커피, 얼음을 띄운 냉커피, 밀크에 커피를 섞은 밀커피, 그리고 모닝커피였다. 각얼음과 프리마는 아직 쓰이지 않았다. 큰 얼음을 송곳과 망치로 깨뜨려 썼고 프리마 대신 우유 사촌쯤 되는 연유를 썼다. 우유를 주문하면 찬 우유가 나갔고 밀크를 주문하면 따끈한 우유가 나갔다.

모닝커피는 다방 메뉴 가운데 가장 인상적이었다. 내 생각엔 칠십년대를 대표하는 다방 메뉴가 아닐까 싶다. 아침 손님이 커피를 주문하면 그게 모닝커피였다. 따라서 메뉴에도 없었고 가격도 일반 커피와 같았다. 그런 모닝커피가 왜 인상적이고 칠십년대 대표 메뉴인지 고개를 갸우뚱대는 이가 적지 않겠다. 내막은 이렇다.

모닝커피는 단순히 '아침에 마시는 커피'가 아니었다. 뜨거운 커피에 달걀노른자를 동동 띄운 게 모닝커피였다. 애호가나 아침을 거른 손님이 식사대용으로 마셨다. 커피에 노른자. 느끼하다고 여기겠지만 그땐 별미였다. 애호가가 생길 정도였다. 사료로 키운 닭이 낳은 요즘 것과는 달리 달걀이 고소했고 건강했다. 귀리를 가루 비슷하게 빻아 죽처럼 먹었던 오트밀도 식사대용이었다.

달걀은 모닝커피 보조재였지만 독립 메뉴도 있었다. 완숙과 반숙이었다. 완숙은 완전히 삶은 달걀, 반숙은 노른자가 덜 익게 반만 삶은 달걀이었다. 미리 삶지는 않고 주문이 들어오면 그때그때 삶았다. 소금과 같이 내었고 껍질은 손님이 직접 까거나 레지가 깠다. 모닝커피도 그렇고 완숙이며 반숙도 그렇고 오트밀도 그렇고 요즘 커피전문점에선 상상하지도 못할 메뉴지만 칠십년대는 즐겨 찾던 메뉴였다. 칠십년대 배고팠던 시대상의 반영이다.

칼피스, 쌍화차, 생강차, 코코아도 생각난다. 일본회사 이름에서 따온 칼피스(カルピス, 可爾必思)는 일종의 유산균 음료였다. 뿌옇고 달달했다. 얼음을 띄워 마셨다. 쌍화차는 건강식이었다. 잣과 계피, 생강, 얇게 썬 대추 등을 썼고 계란 노른자를 띄웠다. 뜨거운 찻물에 서서히 익어 가는 노른자는 별미였다. 꽤 비싼 위스키처럼 다방의 여인을 꼬드기는 선심용이자 작업용이었다. 생강차는 생강가루에 뜨거운 물을 부어서 내었다. 코코아 단맛은 초등학생 어린 내 마음을 달착지근하게 했다. 감기 따위로 내가 골골 앓으면 주방장이 타 주곤 했다.

달걀흰자는 어떻게 처리했을까. 이 글 초고 쓸 때만 해도 까먹고 있었다. 술자리에서 사담을 나누다가 문진우 사진작가에게 흰자 이야기를 듣고 '아, 그랬지!' 불쑥 생각났다. 초등학교 다닐 때 모친이 서면에서 다방을 했다는 문 작가는 흰자를 어떻게 처리하는지 소상하게 기억했다. 모닝커피, 쌍화차에 쓰이고 남은 흰자는 따로 모아 두었다. 그랬다가 식사 때가 되면 프라이팬에 한가득 쏟아부어 요리했다. 두툼한 흰자 프라이는 밥도둑이었다.

메뉴판 이야기도 짚고 넘어가야겠다. 메뉴판은 따로 없었다. 입춘방처럼 냉커피 얼마, 쌍화차 얼마, 그렇게 써서 벽에 붙였다. 계절 메뉴를 강조했다.

붓글씨를 잘 쓰던 모친이 계절이 바뀔 때면, 특히 여름과 겨울로 바뀔 때면 도화지를 입춘방 크기로 오려서 일일이 썼다. 도화지 오리는 작업은 다방 종업원을 시키거나 내가 했다.

전북 완주에 가면 대한민국 술테마박물관이 있다. 엄청난 규모에 놀라고 시대별 엄청난 콘텐츠에 놀란다. 술과 관련한 거의 모든 것을 전시한다. 앞서 언급한 위스키 역사 역시 일목요연 나온다. 도라지위스키를 말하면서 다방의 풍경이랄지 풍속을 빠뜨릴 수는 없을 터. 2017년 12월부터 2018년 3월까지 열렸던 기획전 〈낭만에 대하여〉는 '위'나 '위티'를 주문하던 시절의 옛날식 다방과 도라지위스키 추억전이었다.

기획전에서 재현된 옛날 다방 사진을 들여다본다. 벽에는 입춘방 크기 메뉴와 영화 포스터가 붙어 있다. 실제로 그랬다. 다방 주인의 취향에 따라 붓글씨 표구가 걸리기도 했다. 모친은 사자성어나 시조를 즐겨 썼다. 다방을 옮기면 글귀도 바뀌었지만 '萬頃蒼波(만경창파)'는 빠뜨리지 않았다. 만경창파는 넓고 넓은 바다. 내가 초등학교 1학년 때 지아비와 사별하고 삼남삼녀 6남매를 건사하느라 고달팠을 모친은 마음만큼은 만경창파 탁 트인 세상에 뒀으리라.

사진에 보이는 등의자 커버도 생각난다. 술테마박물관 사진에서 보듯 커버에 다방 상호와 전화번호를 넣어 광고효과를 노렸다. 때에 절면 빨아서 다시 입혔다. 빠는 일은 주로 가장 어린 레지가 도맡았다. 상호와 전화번호 인쇄가 조잡해 빨 때 조심하지 않으면 글자가 번졌다. 그럴 때면 불호령이 떨어졌다. 빤다고 빤 어린 레지는 얼마나 속상하고 서러웠을까. 야단맞고 풀죽은 레지에게 순정이랄지 연정을 품기도 했다. 중학생인가 고등학생인가 그 무렵이었다. 나는 조숙했다.

사진에서 내 시선을 오래 붙잡은 것은 난로. 여름엔 선풍기, 겨울엔 난로로 냉난방을 해결했다. 난로는 처음엔 연탄난로를 쓰다가 톱밥 난로, 석유난로로 바뀌었다. 전기난로는 대중화되기 전이었다. 그때는 난로나 화로라 하지 않고 일본말을 써 곤로(焜爐)라고 했다. 난로에서 나오는 연탄가스와 톱밥 연기는 양철 연통을 길게 잇대 창문 바깥으로 내보냈다. 연통에 틈이 생겨 증류수가 방울방울 떨어진 바닥은 누렇게 변했다. 수족관에선 금붕어 거품이 방울방울 올라왔다.

난로엔 늘 양은주전자가 놓여 있었다. 김이 모락모락 나는 보리차가 담긴 주전자였다. 보리차는 순화한 용어고 엽차 또는 일본말로 오차(お茶)라고 불렀다. 보리차나 엽차보단 오차가 입에 익은말이었다. 칠십년대만 해도 사회 곳곳에서 곤로 같은 일본말이 아무렇지 않게 쓰였다. 다방도 마찬가지였다. 찻잔 나르는 쟁반을 오봉(おぼん)이라 했고 물수건을 시보리(しぼり)라 했다. 시보리는 '쥐어짜다'는 뜻을 가진 일본말이다. 찬 것은 히야시(ひやし)였다.

다방의 메뉴는 세태를 반영한다. 풍족하진 않았으나 고소하고 건강했던 칠십년대가 거기 있고 모조 위스키에서 벗어나 본격 궤도에 올랐던 대망의 팔십년대가 거기 있다. 무엇보다 열 살 무렵부터 스물 중반에 이르는 내 개인사가 거기 있다. 주방장 모르게 다방 찬장 도라지위스키를 야금야금 훔쳐먹던 소년기며 감추고 싶은 무엇이 있었던 사춘기를 뭉뚱그린 곳간이 다방의 메뉴다. 그때 그 시절, 그 풍경. 그때 그 시절, 그 사람. 하나같이 애련한 풍경이고 하나같이 애련한 사람들이다.

다방과 경제

① 다방, 70 80 아련한 추억의 공간 / 이상길

② 우리는 경제 역군이야! / 김대갑

이상길 향토자료수집가

-

36년을 동래구에서 근무하다 두 해 전 퇴직한 사회 초년생이다.
업무로 또는 취미로 고도심 동래의 역사, 특히 근대에 관심을 가졌다.
근대사 발간을 목표로 수집한 자료를 정리하고 있다.

다방, 7080 아련한 추억의 공간
- 행상을 중심으로

_이상길

내가 다방을 출입하기 시작한 때는 군대를 제대한 해부터인 것 같다. 1978년 제대하였으니 70년대 후반부터다. 내가 살던 곳은 동래구 거제3동(지금은 연제구)인데 친한 친구가 거주하고 또 한 친구가 자취하고 있는 동래구 수안동의 다방들을 자주 찾았다.

충렬로와 동래경찰서 사이에 있는, 차 두 대가 겨우 비껴갈 수 있는 7~80m 가량 되는 거리의 골목인데 지금은 다른 곳으로 이전했거나 없어진 동래등기소와 대동병원, 동래극장이 인접하여 사람들 왕래가 잦고 제법 장사가 잘되는 골목이었다. 다방이 5개소나 있고 음식점과 단란주점, 룸살롱 등 유흥업소도 서너 곳 있었다. 우리는 그중 우리 또래 참한 레지가 여럿 있는 돌다방을 아지트로 삼고 뻔질나게 들락거렸다.

여자 친구와 데이트 할 때나 크리스마스이브, 연말 때는 서면과 남포동을 찾았다. 음악다방에서 DJ를 만나고 저녁에는 부영극장, 부산극장에서 영화 한 편 보는 것으로 특별한 날을 보냈다. 음악다방에서 맥스웰커피 한 잔 가격은 보통 800원~1000원이었는데 우리가 잘 가던 남포동에 있는 종이배커피숍은

1500원이나 받았다. 영화는 2000원, 개봉관은 2500원이었다.

동래 온천장은 호황을 누렸다. 금강공원, 동물원, 식물원이 있고 유흥시설
이 밀집한 온천장은 많은 사람이 찾는 관광지였다. 덩달아 다방도 성업했다.
그중 금강공원 입구에 있던 왕다방은 커피 팔아 서면에 있는 빌딩을 사고 다
방도 여러 개 운영한다고 온천장 바닥에 소문이 자자했다.

다방은 만남과 약속의 장소이고 할 일 없는 사람들이 시간을 보내는 휴식공
간이기도 했다. 특별한 기술 없이도 개업할 수 있어 사람이 모이는 곳이면 다
방이 들어섰다. 지금처럼 취미활동을 할 수 있는 공간이나 냉·온방시설이 흔
치 않을 때이니 차 한 잔의 저렴한 가격으로 선풍기 아래서, 또는 난로 위에서
끓는 은은한 보리차 내음을 맡으며 여유를 즐길 수 있었다.

말동무가 되어 주는 마담과 레지와 온갖 잡담을 나누며 시간을 보내기도
했다. 씀씀이가 괜찮은 나이 지긋한 손님 옆자리는 항상 마담과 레지가 차지
했다. 다방은 레지 역할이 중요하다. 말주변이 좋고 특히 외모까지 갖춘 레지

에게는 단골손님이 많았다. 단골손님 확보는 곧 매상 상승으로 이어지고 월급에도 영향을 주었다.

스포츠 중계가 있는 날에는 손님들로 북적거렸다. 집에서 보는 것보다 많은 사람과 함께 어울리니 흥미가 배가했다. 당시에는 프로레슬링과 복싱경기가 큰 인기를 누렸다. 박치기왕 김일 선수 경기나 세계타이틀매치가 중계되는 날, 사람들은 다방 안 TV 앞에 몰려들었다. 어떤 다방은 '0월 0일 000경기 중계', 또는 '000경기 보러 오세요' 라는 글을 입구에 붙여 손님을 끌어들이기도 했고 그날은 매상도 껑충 뛰었다.

다방에서는 다양한 행상들을 만났다. 다방 출입이 잦으니 대부분 안면이 있었고 목소리만 들어도 누구인지 대충 알 정도였다. "껌 한 통 팔아주세요." "액세서리 구경하세요." "구두 닦으세요." "양말 한 켤레 사세요." 안면 있는 손님에게는 "골라 보세요." 하며 넥타이 가득한 가방을 테이블 위에 턱 펼쳐 놓았다.

목탁 소리와 함께 슬그머니 바가지를 내미는 스님, 말을 못 한다는 사연의 글을 목에 걸고 손짓으로 구걸하는 사람, 어려운 이웃을 돕는데 자선해 달라는 사람 등 행상과 구걸하는 사람이 많았다. 마담은 쫓아내는 시늉만 했다. 자주 들르는 탓에 행상 모두 낯익은 얼굴이라 심하게 다루지를 못했다.

껌을 파는 여성은 대개가 어린아이를 업고 다녔다. 남루한 중년여성이 내미는 껌은 롯데제품인 스피아민트껌, 쥬시후레쉬껌 등인데 천 원이라 했다. 당시 구멍가게에서 파는 가격은 6개들이 한 통에 250원과 300원이었던 것으로 어렴풋이 기억난다. 대부분의 손님은 껌은 사지 않고 5백 원 또는 천 원을 그냥 쥐여 주었다.

시기에 따라 커피 한 잔 가격은 다르지만 70년대는 150원, 80년대 중반까지 300원 안팎이었으니 지금 계산해 보면 껌팔이 아주머니가 다방주인보다 벌이가 더 괜찮았을 것 같다. 친구를 만나 다방에서 커피 한 잔 하고 단란주점에서 소주잔 기울이다 보면 같은 껌팔이를 2~3번 만나는 것은 보통이었다.

젊은 아가씨가 테이블 위에 내놓은 것은 머리핀, 목걸이, 반지, 브로치, 열쇠고리 등 액세서리였다. 가방에는 다양한 액세서리로 가득한데 2천 원에서 5천 원이며 모두 손으로 직접 만든 수제라고 했다.

우리 같은 젊은 손님보다 나이든 손님, 특히 마담이나 레지가 합석한 자리는 열에 열 성공했다. 사모님이나 딸에게 선물하시라며 접근한 행상은 마담, 레지와 어느새 한편이 되었다. 덕분에 사모님이나 딸 대신 마담과 레지가 선물 하나씩 챙겼다.

007가방을 든 점잖은 차림의 사람도 다방에 곧잘 들어왔다. 없는 것 빼고 다 있다는 그의 말처럼 작은 가방에는 시계, 고급라이터, 은단, 면도기, 가죽지갑, 허리띠 등등 남성에게 필요한 온갖 물건들로 차곡차곡 쌓여 있었다. 정말이지 작은 만물상이다. 만물가방에 없는 물건을 주문하면 다음에 꼭 가져와 팔았다. "이 시계는 롤렉스입니다. 비닐을 벗기면 안 되고 보기만 하세요!" 라는 행상의 퉁명스런 말에 "그럼 뭐 하러 가지고 다닙니까? 이 시계 가짜(짝퉁) 아닙니까?" 라며 역시 퉁명스럽게 맞장구치다 상인과 다투던 친구 모습이 떠오른다.

1985년으로 기억되는 어느 토요일. 아지트인 다방에서 친구와 추석을 앞두고 새로 맞춘 구두에 대하여 이야기를 나누고 있었다. 새 구두는 불광을 내야 광택이 오래간다는 등의 이야기가 오고 갈 때 마침 구두닦이 청년이 구두 여러 켤레를 양손 손가락에 끼고 들어와 손님들 신발을 일일이 보며 구두 닦으라고 독촉하였다.

우리 자리에 왔을 때 친구는 불광 내 달라며 냉큼 신발을 벗어 주었고 한참 후에 돌아온 구두는 헌 구두였다. 다른 다방 손님 구두와 바뀐 것이었다. 새 구두는 돌아오지 않았다. 헌 구두 주인이 새 신을 신고 떠난 후였으며 헌 구두는 친구 발에 그런대로 맞았다. 구두닦이 청년이 울 듯한 표정으로 사정하던 모습이 희미하게 떠오른다.

그때는 장애인이 많았다. 50~60대 연령층으로 6·25 전쟁을 겪으면서 발생

1970년대 온천장 금강공원 입구에 있던 왕다방

한 장애가 대부분이었다. 사회복지는 단어조차 없을 때였다. 팔 하나 없는 장애인이 주머니에서 껌 서너 개를 꺼내 테이블에 놓고는 골라서 사라고 한다. 망설이는 손님에게는 소매 속에 숨겨진 갈고리 닮은 인조 수족을 슬며시 내비치며 겁을 주기도 했다.

제법 묵직해 보이는 보따리를 맨 50대 중반으로 보이는 중년이 목발을 짚고 다방 2층 계단을 힘겹게 오르고 있었다. 그때 도와준 인연으로 그 행상은 만날 때마다 우리 테이블에 와 냉수 한 잔 얻어 마시고는 다부동 전투, 연천지구 전투 등 전쟁 무용담을 메들리로 들려주었다. 그때마다 양말 한두 켤레를 사야만 했다. 자신을 김 상사라 소개했고 연천전투 때 다리 한 쪽을 잃었다고 했다. 지금도 그분이 생생하게 기억난다. 몇 해 전 작고하신 선친께서도 연천지구 전투에 중대장으로 참전하셨기에 선친의 전우라는 생각이 들어서다.

나와 친구들은 송심회(松心會)라는 모임을 만들었다. 회원은 7명. 나를 제외한 친구 모두 같은 고등학교 2학년 때 같은 반이며 선친이 담임선생님이셨다. 서울에서 자라 고교 2학년 때 부산으로 전학 온 나에게 아버지께서 맺어준 친구들이다.

우리는 돌다방 마담과 레지와도 가깝게 지냈다. 쉬는 날 야유회를 함께 가는가 하면 마음이 서로 통하는 레지와 짝을 이뤄 데이트를 즐기기도 했다.

다방에서 모임을 하던 어느 날 우리 또래의 한 청년을 만났다. 친구들이 반가워하던 이 청년은 고교 동창이었다. 그리고 30대 후반쯤으로 알았던 주인마담이 자기 모친이라고 했다. 그 후로 우리는 돌다방 출입을 자제하다가 친구 자취방으로 모임 장소를 옮겼다.

나는 1980년 7월 동래구청 공무원으로 임용했다. 구청 앞 사거리는 항상 혼잡했다. 왕복 1차선 도로를 사이에 두고 구청과 동래세무서, 동래시장이 있었고 인쇄소, 문방구, 행정서사, 법무사, 사진관, 구멍가게, 복덕방 등 업소가 즐비한 가운데 다방도 10여 곳이 성업했다.

그때는 금정구와 연제구가 분구되기 전으로 구청직원과 민원인, 업소를 찾는 사람, 지역주민 등 유동인구가 많아 다방은 항상 손님으로 북적였다. 차 배달주문도 많아 배달을 전문으로 하는 업소도 있었다.

특히 반도다방, 고궁다방, 흙다방, 산다방은 규모가 큰 다방이라서 구청직원을 단골손님으로 만들기 위해 무척 애를 썼다. 겨울에는 따뜻한 차, 여름은 시원한 결명자차나 보리차를 다방 상호가 적힌 주전자에 담아 구청직원들이 출근하기도 전에 부서별로 경쟁하듯 날랐다.

총무과에 근무할 때였다. 대형주전자 3개가 한꺼번에 왔다. 각 다방에서 보낸 것으로 직원 수가 많거나 민원인이 많이 찾는 부서를 더 선호했다. 근무시간 이후에도 불이 켜진 사무실을 찾아 야근하는 직원에게 미숫가루와 냉커피를 제공했고 직원체육대회나 부서별 야유회 때는 음료수를 협찬한다든가 레지가 직접 참여하여 응원하고 서빙을 들기도 했다.

이에 보답하듯 점심시간이나 퇴근 때는 많이들 다방을 찾았다. 젊은 남녀가 자주 대하니 사랑이 싹터 레지와 결혼하는 직원이 있었고 부작용도 적지 않아 한때 구청 주변 다방에 대하여 직원들에게 출입금지령을 내리는 일도 있었다. 지금이야 부서마다 냉장고와 커피포트 등을 갖추고 자체 해결하지만 그때는 고맙고 어여쁜 이웃이었었다는 생각이 더 앞선다.

그 다방에 들어설 때에 내 가슴은 뛰고 있었지
기다리는 그 순간만은 꿈결처럼 감미로웠다.
약속시간 흘러갔어도 그 사람은 보이지 않고
싸늘하게 식은 찻잔에 슬픔처럼 어리는 고독
~~,

그 음악은 제발 틀지 마세요, DJ. 잊었던 그 사람 생각이 나요, DJ.
언제나 우리가 만났던 찻집에서 다정한 밀어처럼 들려오던 그 노래 ~~

이 글을 쓰고 있는 내내 그때 히트곡이며 나의 애창곡이었던 나훈아 '찻집의 고독'과 윤시내의 'DJ에게' 두 곡 가사가 맴돌고 버릇처럼 흥얼거린다. 30여년 넘는 세월이 흘렀고 사회도 변했다. 당시 이웃은 대부분 떠났고 시대 변화에 따라 업종도 많이 바뀌었다. 한 시대 문화공간이었던 다방, 7080세대에게 아련한 추억으로 남아있는 그곳에 스타벅스와 투썸플레이스 같은 거대 체인점과 찻집이 자리를 메우고 지금의 세태가 그저 아쉽다. 지나간 것은 전부 그립다 하더니 그립고 그립기만 한 그 시절이다.

김대갑 작가

-

부산대학교 독문학과 졸업
부산에 대한 산문집 2권과
가야 스토리텔링북을 냈으며
단편소설집 〈프러시안 블루〉를 출간했다.

우리는 경제
역군이야!

_김대갑

"김 사장님, 전화 왔어요!"

서면의 진성다방. 이미자의 동백아가씨가 흐느적이며 잔잔히 흐르는 가운데 미스 추의 앙칼진 목소리가 허공을 가른다. 수군거리며 이야기에 열중하던 사람들의 시선이 일제히 카운터로 향한다. 미스 추는 빨간 색 수화기를 손에 들고 요란스레 껌을 짝짝 씹고 있다. 그 모양새가 영 싸가지 없게 보인다. 그녀의 목소리가 울리자마자 여기저기서 후줄근한 양복을 입은 중년의 사내들이 후닥닥 일어난다.

"나야, 나."

"무슨 소리. 나에게 전화 온 거야."

족히 대여섯 명은 되어 보이는 사내들이 저마다 김 사장이라고 자칭하며 카운터로 급히 걸어간다.

"아, 무슨 김 사장이 이리 많아요? 순서대로 받아 보세요."

미스 추의 핀잔에 중년 사내들은 순간 머쓱한 표정을 짓는다. 맨 처음 카운터로 달려갔던 전포동 김 사장이 전화기를 받았다가 이내 벌레 씹은 표정으로 물러선다. 그의 벗겨진 소갈머리에 형광등 빛이 눈처럼 앉아 있다. 곧이어 두 번째 선수. 자신에게 온 전화가 분명하다는 확신으로 가득 찬 오십 대 말의 사내이다. 그러나 그도 전화기를 받았다가 실망한 표정으로 황망히 나가떨어진다. 드디어 내 차례. 호기롭게 수화기를 받아드니 반가운 목소리가 들려온다. 부동산 브로커 박 사장이다.

"어이, 박 사장. 그래 이야기는 잘 됐어?"

내가 그와 통화를 시작하자 뒤에 섰던 사내들이 입을 비죽거리며 테이블로 터덜터덜 돌아간다. 나는 박과 한참 이야기를 하다가 내 전용 테이블로 돌아온다. 소파의 팔걸이에 양팔을 얹고 느긋하게 담배 피는 내 모습을 다른 사람들이 부러움 섞인 시선으로 쳐다본다. 멍청한 놈들!

사각형 목재 테이블 위에는 체크무늬의 붉은 색 보가 놓여 있다. 테이블 중앙에는 우유 한 잔과 소금 그릇이 놓여 있다. 나는 기분 좋게 우유를 마시며 카운터 위에 걸린 벽시계를 쳐다본다. 10시 반. 시간이 참 느리게 가는구나. 오늘 하루는 또 어찌 보내지.

삼십 분 전, 진성다방이 문 열기도 전에 중년 사내들은 이층 계단에 앉아 담배를 피우고 있었다. 10시 정각이 되자 짧은 치마를 입은 미스 추가 엉덩이를 요란스레 흔들며 다방 문을 열었다. 그러자 중년 사내들이 우 하며 다방 안으로 들어가서 각자의 테이블에 자리를 잡고 업무를 시작했다.

나는 내 전용 소파에 앉자마자 항상 미스 추를 향해 이렇게 외쳤다.

"우유, 소금 약간!"

그러면 미스 추는 시답잖은 얼굴로 유리컵에 우유를 담아 가져왔다. 아침을 거르는 나에게 우유 한 잔은 밥이자 식사였다. 그걸 홀짝홀짝 마시면서 나는 신문 정치면과 사회면을 본 다음 반드시 경제면을 읽었다.

'상반기 경제 지표 호전, 부동산 경기 상승 기세, 수출량 증가.'

경제상황이 나아지고 있다는 기사를 볼 때마다 나는 괜히 기분이 좋아졌다. 그래, 경제가 잘 돌아가야 나 같은 건설 브로커들이 돈을 버는 거야. 신문을 대충 읽었던 나는 몇 주일째 김해의 알부자에게 공을 들이고 있는 박 사장의 연락을 기다리다가 마침내 전화를 받았던 것이다.

나는 박 사장과 통화한 내용을 복기하며 다방 안을 휘 둘러본다. 열댓 개의 테이블과 그 양쪽에 놓여 있는 2인용 인조가죽 소파가 눈에 들어온다. 바닥에는 회색 비닐 타일이 깔려 있다. 카운터 오른쪽 벽면에는 조악한 붓글씨체로 쓰인 메뉴판이 걸려 있다. 천정에는 때에 절은 아이보리색 벽지가 발라져 있다. 군데군데 사각형 박스로 인테리어 모양을 낸 천정에는 금색으로 도금된 샹들리에가 달려 있다. 다방의 전체적인 분위기는 어딘가 촌스럽고 낡은 느낌이다.

각 테이블에는 일확천금을 노리는 브로커들이 신문과 건축도면, 도시계획확인원, 지적대장 등을 펼쳐놓고 열심히 이야기하고 있다. 어떤 놈들은 법원 판결문을 놓고 열띤 토론을 벌인다. 토론이라 해봤자 니가 옳니 내가 옳니 도토리 키재기 수준이지만. 갑자기 내 귀에 억억 소리가 앵앵거린다. 저놈의 브로커들은 입만 열었다 하면 억대를 부른다. 몇 십 억짜리 땅이니, 몇 억짜리 건물이니, 몇 억이 절로 떨어진다느니 하며. 말로는 수십 억이 오고 가지만 정작 성사되는 비율은 거의 없다.

저들은 겉으로는 김 사장, 박 사장, 최 사장이지만 알고 보면 거의 다 뚜렷한 직업도 없는 불쌍한 인종들이다. 사무실 낼 돈이 없으니 차 한 잔 값으로 하루를 버틸 수 있는 다방에 죽치고 앉아 나름 업무를 보는 것이다.

"김 사장, 뭐 좋은 건수 있어? 혼자만 먹지 말고 좀 나눠 먹자."

도 사장이 은근슬쩍 미소를 지으며 내 테이블로 다가온다. 나와 같은 건설 브로커를 하는 작자이다. 둥글넓적한 얼굴에 개기름이 흐르는 것이 제법 돈푼깨나 있어 보인다. 허나 주머니에 커피 한 잔 값과 버스비 정도만 있는 것이 얼굴에 쓰여 있는 놈이다.

"어이, 미스 추. 여기 쌍화차 두 잔!"

어라, 이놈 봐라. 오늘 제법 주머니가 찬 모양이네. 나는 순간적으로 눈을 살짝 뜨며 카운터를 쳐다본다. 미스 추도 별꼴이네 하는 표정을 짓다가 이내 달걀노른자가 동동 뜬 쌍화차 두 잔을 갖고 온다.

"맨날 우유만 먹으면 속 버려. 자, 이거 한 잔 마시고 속 좀 풀어."

"어이구, 뭘 이런 걸. 요새 형편이 좋으신가 보네."

"뭐, 며칠 전에 작은 거 하나 성사했어."

굼벵이도 구르는 재주가 있다고 하더니만. 놈이 며칠 전부터 주택 수리 어 쩌고저쩌고 하던 것이 용케 성사되었군. 곤색 양복을 걸치고 빨간 넥타이를 맨 나는 놈의 상판을 힐끗 쳐다본다.

나는 쌍화차를 조금씩 맛보다가 티스푼으로 반쯤 익은 노른자를 대추 쪼가 리와 함께 떠서 입 안에 집어넣는다. 달짝지근한 쌍화차와 노른자가 어우러져 입 안에 고소한 향기가 피어난다. 역시 아침에 먹는 쌍화차는 일품이다. 오늘 은 일이 잘 풀릴 조짐인가.

"뭐, 그리 큰 기대는 하지 말고. 박 사장이 전주(錢主)를 하나 물었다네. 오후에 남 포동에서 만나기로 했어."

"그, 그래? 그거 잘 됐군."

"아직 확정된 건 아냐."

"김 사장. 어찌 나도 좀 끼일 수 없을까?"

호, 이놈 봐라. 손 안 대고 코 풀려고 하네. 겨우 쌍화차 한 잔 사주고는. 나 는 속으로 코웃음을 치며 놈을 떼어낼 궁리를 하기 시작했다.

"김 사장, 나와 친한 건설사 사장이 있는데 그 친구한테 일 좀 줘. 김 사장 몫은 확 실하게 챙겨줄게."

"허허, 아직 모른다니까. 하여간 지금 박 사장하고 프로젝트 몇 개 진행하고 있으니 까 내 상황 봐서 연락할게."

달짝지근한 쌍화차와 노른자가 어우러져 입 안에 고소한 향기가 피어난다

"그래 준다면야 나야 고맙지. 김 사장 나랑 요 앞의 돼지국밥집에서 반주나 한잔

할까?"

뭐, 겨우 돼지국밥? 이 자식 봐라. 진짜 날로 먹으려고 하네. 최소한 회덮밥

정도는 돼야지. 나는 어쭙잖은 표정으로 놈의 얼굴을 다시 힐끗 쳐다본다. 도

사장은 내 비위를 맞추려는 듯이 비굴한 미소를 짓는다. 마음이 넓은 나는 놈

의 제안을 받기로 한다. 하긴 공짜로 먹는데 돼지국밥이면 어떠냐?

"뭘, 그렇게까지. 나중에 사도 되는데."

내가 짐짓 거만을 떨며 담배를 꺼내자 도 사장이 재빨리 불을 붙여준다. 어느새 내 주변에는 도 사장 패거리 두 명이 서성거린다. 하나같이 유행 지난 양복에 때 묻은 와이셔츠 차림이다.

내가 일어서자 도 사장과 그 패거리들이 따라 일어선다. 도 사장이 눈짓하자 패거리 중 젊은 강 사장이 카운터로 쫓아가서 계산을 마친다. 언제 왔는지 유 마담이 옥색 한복을 곱게 차려입고 카운터를 지키고 있다. 40대 중반의 마담은 미스 추와 달리 정갈하면서도 기품이 있는 여인이다. 다방의 실제 주인과 불륜 사이라는 소문도 있었다. 그녀는 우리에게 무척 친절하기로 소문나서 진성다방은 늘 손님들로 북적였다. 다방의 매출은 유 마담 같은 미인 마담에게 달려 있다고 해도 과언이 아니었다.

"아유, 사장님들 벌써 가시게요? 저한테 차도 한 잔 안 사주고."

"어, 유 마담. 어제보다 더 예뻐졌네. 밤새 사랑 많이 받았나 봐."

패거리 중 한 명인 황 사장은 유 마담과 한참동안 실없는 농담을 주고받는다. 야야, 헛물켜지 마라. 유 마담은 내꺼다. 이번 일만 잘 성사되면 유 마담 불러내서 진하게 놀아야지. 나는 속으로 코웃음 치며 출구로 걸어간다.

강 사장의 안내로 우리는 다방 맞은편에 있는 돼지국밥집으로 일제히 들어간다. 시계를 보니 어느덧 11시 반이다. 우리 같은 브로커들의 전형적인 점심시간이다. 12시 전이라 손님도 별로 없고 막 끓인 육수가 나오는 터라 국밥도 아주 맛있었다.

몇 순배 술이 오고 가고 배도 부르자 황 사장이 입에 침을 발라가며 브로커의 경제적 역할에 대해 말한다. 이놈은 술만 좀 먹었다 하면 무슨 경제학자라도 되는 양 구는 놈이다. 하긴 겉모습만 보만 영락없는 학자 타입이다. 검은 뿔테 안경에 회색 양복, 단정히 벗어 넘긴 머리칼과 흰 와이셔츠는 도 사장 패거리 중에서도 가장 세련된 모습이다.

"브로커는 신성한 직업이야. 이쪽과 저쪽을 연결해주고 정당한 수수료를 받는 우리는 숨어 있는 경제 역군이야."

"아무렴. 땅을 살 사람과 팔 사람, 건물주와 시공업자, 변호사와 의뢰인을 연결해주고 대가를 받는 로비스트지 허허."

경제 역군? 로비스트? 에라이 순 사기꾼들아. 도 사장과 황 사장의 이야기를 듣다가 하마터면 이 말이 내 입에서 나올 뻔했다. 그러나 그런 브로커 중의 하나인 난들 무슨 할 말이 있을까? 놈들이나 나나 오십 보 백 보인 것을.

브로커. 영어로는 비알오케이이알. 원래는 고객의 주문을 받아 주식의 매매를 중개하는 사람을 뜻하지. 그런데 그게 우리나라에 와서는 변질되어 각종 이권에 개입하는 무작위 업자들을 지칭하는 말이 되어 버렸지. 박 사장은 땅장사 브로커, 도 사장은 건설 브로커. 황 사장과 강 사장은 도 사장에게 빌붙어서 하청업체를 연결하는 브로커. 그럼 나는? 나야말로 진정한 건축 중개업을 하는 브로커지. 풉! 사실은 나도 반은 사기를 치는 그렇고 그런 브로커지만.

국밥집에서 술과 고기를 먹으며 떠들어대니 어느새 두 시가 훌쩍 넘어버렸다. 이크! 세시까지 남포동에 가서 박 사장을 만나기로 했는데. 나는 세 사람에게 박 사장 만나러 간다고 일어선다. 그러자 놈들은 나를 국밥집으로 데려온 목적을 상기하고는 눈알을 반짝인다.

"어, 그래. 우리 김 사장님이 빨리 가셔야지. 오늘 큰 건이 있는데. 허허."

"김 사장, 빨리 가보셔. 박 사장 만나서 큰일을 도모해야지."

내가 일어서자 강 사장이 벌떡 일어나서 문 앞까지 배웅하며 넙죽 인사를 한다. 젊은 놈이 그래도 예의는 무척 바르다. 그런데 네 놈도 앞길이 훤하다. 젊은 놈이 일할 생각은 안 하고 사기 칠 궁리나 하고 있으니.

나는 부리나케 버스 정류장으로 뛰어간다. 남포동까지는 거의 사십 분 이상 걸릴 것이다. 남포동에 버스가 도착하자 시계는 3시 5분 전이었다. 나는 가까스로 세 시를 넘기지 않은 채 향촌다방에 들어갈 수 있었다. 실내에 들어가니 화사한 모란꽃이 수 놓인 한복차림의 신 마담이 반갑게 나를 맞이한다. 진성다방의 유 마담 못지않은 미모를 가진 여인이다. 레지인 미스 정도 나에게 살갑게 인사한다. 진성다방보다 훨씬 더 세련된 향촌다방에는 입구에서부터 은근한 향이 풍겨 나온다.

얼마 전에 진성다방과 향촌다방의 브로커들 사이에서는 레지의 어원을 두고 열띤 말싸움이 벌어진 적이 있었다. 레이디(lady)에서 온 말이다, 순수 우리말인 내지가 변한 것이다, 한자어 來坻(올 래, 머무를 지)에서 왔다는 등 말도 안 되는 주장들이 백가쟁명식으로 등장했다. 그러나 결론은 영어의 register(카운터, 등록자)에서 왔다는 것이 증명되었다. 일본의 다방에서 계산하는 여성을 레지스터라고 불렀는데 그걸 약칭으로 '레지'라고 했다는 것이다. 브로커들의 같잖은 토론을 듣던 대학교수가 가르쳐 주었다. 그는 일본에서 유학생활을 한 사람이니 거의 틀림없는 말이었다.

그 어원이야 어쨌든지 간에 향촌다방의 미스 정은 진성다방 미스 추보다 훨씬 예쁘고 날씬한 아가씨. 역시 부산 다방의 원조는 남포동과 광복동이다. 서면보다는 훨씬 고급스럽고 세련된 느낌이 난다. 나는 흡족한 기분으로 늘 앉는 창가 테이블에 자리를 잡는다.

미스 정이 엽차를 갖다 주자 나는 은근슬쩍 그녀의 종아리를 쓰다듬고는 커피 두 잔을 주문한다. 물론 한 잔은 미스 정의 것이다. 미스 정은 싫지 않게 눈을 흘기고는 곧 커피 두 잔을 갖고 온다.

"미스 정, 나 찾는 전화 없었어?"

"김 사장을 찾는 전화야 수도 없이 걸려 왔지예. 다들 사장님들인데요."

미스 정은 커피를 홀짝거리며 주변을 보라는 듯한 표정이다. 나도 휘 둘러보니 진성다방에서 봤던 치들도 있고 새로 보이는 얼굴들도 있다. 역시 브로커들이 아침부터 죽치고 앉은 인상이 뚝뚝 묻어있다.

"미스 정, 나 찾는 전화 없었어?"

"커피 잘 마셨어예. 전화 오면 퍼뜩 받으이소."

미스 정은 의미 있는 눈빛으로 내 테이블을 떠나 카운터 쪽으로 걸어간다. 시계를 보니 어느덧 세 시 삼십 분이다. 젠장 이놈은 왜 이리 안 와. 나는 다소 초조한 마음이 되어간다. 요놈 봐라. 혹시 이번에도 나를 바람 맞히나? 나는 슬슬 불안해지기 시작한다.

나보다 두 살 어린 박 사장은 큰 건수를 빌미로 나에게 몇 푼의 돈을 빌려 간 적이 있다. 그게 한 번 두 번 쌓이다 보니 제법 큰 금액이 되었지만 나는 놈의 큰 건수를 믿고 아무런 말도 하지 않았다. 시간이 흐를수록 놈이 약속한 큰 건수가 보이지 않자 나는 놈에게 다그쳤다. 그러면 놈은 사람을 그리 못 믿느냐며 나를 핀잔주곤 했다. 사실 그동안 나는 놈이 약속한 큰 건수를 한 번도 받은 적이 없다. 그저 이제나저제나 하며 기다렸을 뿐이다. 혹시 오늘도? 나는 고개를 저으며 그럴 리 없다고 생각했다. 불과 삼 일 전에도 놈은 건축주와 모든 약속이 되었으니 무조건 믿으라고 하지 않았던가?

시간은 잘도 흘러갔다. 아니 시간은 가만있는데 초조한 내 마음이 흘러가는 것만 같다. 이제 시계는 네 시 반을 가리킨다. 그동안 나는 엽차를 거푸 마시고 5대 일간지를 두루 섭렵하면서 끈질기게 박 사장을 기다렸다. 몇 번 김 사장을 찾는 전화가 와서 부리나케 카운터로 달려갔지만 모두 나와 상관없는 전화였다. 슬슬 부아가 치밀어 오른다. 곧 있으면 다섯 시가 될 것이다. 못된 놈! 두 시간이나 나를 기다리게 하다니.

드디어 시침이 5라는 숫자를 막 가리킬 즈음, 김 사장을 찾는 전화가 왔고 나는 습관적으로 카운터로 달려간다. 역시 대여섯 명의 브로커들이 전화를 받으려고 줄을 서고 있다. 네 명이 떨어져 나가고 드디어 내 차례가 왔을 때 나는 박 사장의 목소리임을 대번에 알아차린다.

"어이, 박 사장 어찌 된 거야? 전화도 없고."

"아, 김 사장. 이거 미안해서 어쩌나. 오늘 건축주와 최종 미팅이 무산됐어. 오늘은 글렀고 조만간에 전화할 테니까 내 연락을 기다리게. 중앙동의 금강다방에서 죽치고 있게."

"뭐? 그게 무슨……."

갑자기 뚜 하는 신호음이 길게 울려온다. 박 사장은 일방적으로 말하고는 전화를 끊어버린 것이다. 이런 썩을! 최종 미팅이 무산되었다고? 이 자식 이거 거짓말 아냐? 나는 순간 욕지기가 나오는 것을 간신히 참으며 내 테이블로 돌아간다. 거칠게 담배를 입에 문 나는 허공을 향해 연거푸 담배 연기를 피워 올린다.

미스 정은 그런 나에게 진심인지 가식인지 어딘가 안타깝다는 시선을 보낸다. 나는 외려 그런 시선이 더 견딜 수 없다. 갑자기 허탈감이 와랑와랑 몰려온다. 두 대째 담배를 피고서야 겨우 화가 조금 가라앉는다. 창밖을 보니 거리에 땅거미가 서서히 몰려오고 퇴근길에 나선 사람들이 분주한 거리를 오가고 있다. 힘이 쭉 빠진 나는 고개를 숙이며 다방을 나선다. 미스 정은 여전히 그런 나를 불쌍하다는 듯이 보고 있다. 다방을 나선 나는 계단을 내려가 길거리에서 다시 담배를 꺼내 피운다. 썩을! 당분간 향촌다방과 진성다방에는 못 갈 것 같은 기분이 든다. 내일부터는 금강다방에서 죽돌이 해야 하니까.

나는 광복동과 남포동을 지나 영도로 향하는 길로 접어든다. 조금 걸어가니 에덴다방과 실로암다방, 르네상스다방이 눈에 들어온다. 청춘 시절에 자주 들렀던 무아 음악다방도 스쳐 지나간다. 실로암다방, 휘가로다방도 빼놓을 수 없다. 지금도 저 다방 안에는 수많은 청춘과 브로커들, 예술인이 사랑과 사업, 문화를 속삭일 것이다.

털레털레 발걸음을 옮기니 내 몸은 영도다리를 지나고 있고 멀리 봉래산 아래 올망졸망한 집들이 눈에 들어온다. 그중의 한 집에 돈 벌어올 남편과 먹을 것을 들고 올 아빠를 기다리는 자식들이 살고 있다. 젠장, 식구들 생각하면 콧잔등이 시큰거린다. 되지도 않는 브로커 생활 때려치우고 내일이라도 당장 작업복 입고 노가다라도 뛰고 싶은 생각이 절로 든다.

아니다! 그래도 나에겐 희망이 있다. 내일부터 금강다방에 죽치고 있으면 분명 박 사장은 전화를 할 것이다. 큰 건수에 대해 그와 진지한 사업 이야기를 해야 한다. 다른 사람들이 누가 뭐라고 해도 나는 브로커이다. 이 나라의 숨은 경제 주역이 바로 나니까. 나는 허청허청 걸어간다. 내일 금강다방에서 벌어질 큰 건수를 기약하며.

김민혜 소설가

-

소설을 쓰면서 가끔 명상에 잠기는 것을 좋아한다.
비 오는 날, 근처 공원을 산책하며 작품 구상을 하는 습관이 있다.

다방에는
이야기가 흐른다

_김민혜

1. 청춘들, 카페로 가다

주희는 부산대학교 정문 방향으로 바삐 걸었다. 그곳으로 향하는 길에는 옷가게와 음식점이 많아 사람들이 넘쳐나고 있었다. 작년, 그러니까 1985년에 개통한 지하철 1호선 덕분에 부산대학 주변은 젊은 열기로 가득 차 있었다. 교통이 편리하다보니 부산대 학생들 뿐 아니라 타 대학 학생들도 몰려와서 정문 주변은 만남의 장소이자 상권의 중심부로 부상하고 있었다.

그녀가 정문으로 다가섰을 때, 시계탑은 3시 10분 전을 가리켰다. 남자친구인 유윤은 아직 보이지 않았다. 두 사람은 타 대학 학생이었다. 그 때였다. 시위대의 함성소리가 들리는가 싶더니, 주변은 삽시간에 최루탄에서 분출한 가스로 뒤덮였다. 주희는 인상을 쓰며, 코를 싸쥐었다. 매운 연기 때문에 눈도 시큰거렸다. 시계탑 앞을 서성거리거나 정문 앞 도로를 오가던 사람들은 종종 걸음을 치며 어디론가 사라졌고 주희도 그 사람들 속에 섞여 황급히 뛰어야 했다. 주희가 얼결에 들어간 곳은 도로변 2층에 자리한 가비방 카페였다. 유윤과 몇 번 차를 마신 곳이었다. 그가 시계탑 앞에서 기다리고 있을지 걱정되었지만, 밖으로 나갈 엄두는 나지 않았다. 레드 제플린이 부르는 '스태어웨이 투 헤븐'이 흘러나오는 카페에서 주희는 주춤거리며 서 있었다.

공중전화를 찾아 유윤의 집으로 전화를 걸었지만 아무도 받지 않았다. 주희가 자신의 집으로 전화를 걸자 엄마가 받았다. 그녀는 유윤으로부터 전화가 오면 가비방에서 기다리고 있다고 전해달라고 말했다. 그녀는 창가에 있는 빈자리로 가 앉았다.

대학가 카페는 청춘들의 아지트여서 모던한 인테리어가 장점이었다. 가비방은 그 중에서 분위기가 세련되고 이국적인 장식이 두드러졌다. 약간 어둑한 조명에, 원목으로 된 벽, 로코코 풍의 테이블과 의자, 배관이 그대로 드러난 천장은 생경하면서도 우아해보였다. 카페 한 켠에 대형 커피 그라인더, 에스프레소 머신이 비치되어 있는 데다 사이펀 커피, 아이리시 커피, 카페 로얄, 하우스 블랜더, 드립커피. 비엔나 커피 등 메뉴도 다양해서 커피전문점으로 손색이 없었다. 예전에 왔을 때는 아이리시 커피를 마셨다. 원두커피에 위스키와 생크림을 가미한 커피였다.

옆 테이블에는 여학생 세 명과 남학생 세 명이 마주 앉아 작은 소리로 얘기를 나누고 있었다. 얘기 중간 중간에 쉿! 하는 소리가 자주 들렸다.

유윤이 나타난 것은 30분이 흐른 뒤였다. "주희, 여기 있을 줄 모르고 얼마나 걱정했다고. 링컨, 올드클락, 두 개의 비올라, 롯데리아, 주욱 다 들렀어. 시계탑 주변은 시위대로 포진되어 있지, 이거 못 만나고 돌아가야 하나 싶어 암담하더라고. 너의 집에 전화를 했지. 오다가 주동자 서너 명이 전경에 끌려가는 것 봤어." 유윤이 소리를 낮췄다. "그래? 별 일 없어야 할 텐데." 주희가 걱정스런 표정으로 말했다.

유윤은 사이먼커피를, 주희는 비엔나커피를 시켰다. 종업원이 이동식 미니 탁자에 사이먼커피와 비엔나커피를 싣고 왔다. 주희 앞에는 원두커피에 달콤한 생크림이 들어간 비엔나커피가 놓였다. 유리재질로 된 사이먼 커피 기구는 화병모양으로 생겼는데, 위아래가 나누어져 마치 실험기구처럼 보였다. 종업원이 아래쪽 램프에 불을 붙였다. 유윤이 고개를 바투 대어 바라보았다. 원두커피는 윗부분에 들어가 있고, 아래는 물이 있었는데 램프의 열이 올라오자, 물이 위로 올라가 커피가 만들어졌다. 램프의 불이 꺼졌고 커피가 아래로 주르르 흘러내렸다. 뚜껑을 열어 종업원이 잔에 커피를 따라 주었다. 유윤은 커피를 마시며 약간 쓴 향을 입안에서 궁굴렸다. 주희는 비엔나 커피의 생크림을 음미했다. 카펜터즈가 부르는 '예스터데이 완스모어'가 실내 공기를 가르며 파고들었다. 밖은 극도의 긴장으로 이루어진 전투적 분위기지만 이곳은 감미로운 팝송과 부드러운 커피향이 로맨틱한 분위기를 자아내고 있었다. 마주보는 두 사람의 표정에 묘한 웃음이 번졌다.

2. 추억을 마시는 찻집

한종민은 퇴근 후, 서면 녹향으로 향했다. 그는 직원과의 회식이나 다른 약속이 없는 날은 통과의례처럼 녹향에서 혼자 차를 마셨다. 각 테이블에는 창호지를 바른 칸막이가 세워져 있어 혼자 오래 있어도 부담이 없었다. 그가 자리에 앉자 김현식의 '사랑했어요'가 흘러나왔다. 그는 입술을 웅얼거렸다.

'사랑했어요, 이 마음 다 바쳐서 당신을 사랑했어요. 이제는 알아요. 마음이 아프다는 걸……'

일 년 전, 1988년은 대한민국 국민이라면 올림픽을 떠올리는 해지만 한종민에게는 그보다 더 감격스런 일이 일어난 해였다. 서른일곱 한종민은 노총각이었다. 좋은 여자가 나타나면 언제든지 결혼할 마음을 품고 있었지만, 마땅한 배우자를 만나지 못했다. 그동안 선을 보거나 데이트를 할 때마다 커피숍에서 받은 명함크기의 성냥갑만 해도 서른 개가 넘었다.

그는 은행원으로 근무하며 대출계를 맡고 있었다. 그런 그에게 작년 가을, 송미숙이 찾아왔다. 그녀는 아파트 전세 대출금이 필요했다. 구석에 있는 원탁에서 그녀와 마주앉아 대출서류를 작성했다. 윤기 나는 생머리가 어깨까지 드리웠고, 밝은 살구색 투피스를 입은 그녀에게 그는 첫눈에 마음을 빼앗겼다. 해사한 얼굴에 선한 눈매가 그의 가슴을 파고들었다. "작은 아파트네요. 가족이 많지 않나 봐요." 한종민의 물음에, 송미숙은 배시시 웃었다. "저 혼자 사는데요." 그녀가 웃으며 그를 바라봤을 때, 그는 이 여자다, 하는 느낌이 운명처럼 스쳤다.

누군가를 만났을 때 세상이 전혀 다른 빛깔로 보일 수도 있음을 한종민은 알았다. 처음 만나는 사람들이 상대방과 사랑에 빠질 것인지 아닌지를 알아보는 데는 이분쯤 걸린다는 것, 그것이 서로에게 작용하는 페로몬 탓이라는 것을 어디서 읽은 기억이 났다. 그가 대출금이 나왔다는 전화를 송미숙에게 하면서, 말끝에 차 한 잔 할 수 있겠냐고 물었다. 그녀의 '네?' 하는 대답이 '그렇게 하죠 뭐.'로 끝나는 데는 1분도 채 걸리지 않았다.

두 사람은 토요일 오후에 녹향에서 만났다. 찻집에 들어서자 그윽한 전통차의 향이 코언저리를 맴돌았다. 찻집 입구 선반에는 다기들이 많았다. 한 손에 쏙 들어갈 것은 앙증맞은 찻잔, 손잡이가 길쭉하게 나온 다관, 다양한 크기의 찻잔 받침대, 차 거름망, 차 잎을 담는 그릇인 차호, 따뜻한 물을 담는 숙우 등이 있었는데. 사기, 유리, 도자기 등 재질도 여러 가지였다. 옆에 있는 선반에는 각종 전통 차들이 전시되어 있었다. 우전, 세작, 중작, 대작, 홍차, 보이차, 연잎차, 청차, 백차 등이 포장되어 놓여있었다. 한종민이 송미숙에게 메뉴판을 보여주었고, 그녀는 보이차를 마시겠다고 했다. 그는 보이차 두 잔을 시켰다. 보이차 잎이 든 다관과 찻잔 두 개, 숙우, 1리터 보온병이 테이블에 놓였다. 산지가 중국 운남성이라는 보이차는 보리차같이 짙은 갈색이고 뒤끝이 약간 떫기도 했지만 우릴수록 깊고 그윽한 향이 느껴졌다.

그 후, 두 사람의 만남이 이어졌다. 매주 만나거나 바쁜 일이 있을 때는 격주로 만나기도 했다. 밥을 먼저 먹는 경우도 있었지만, 차를 마시는 곳은 항상 녹향이었다. 송미숙이 건강에 좋다는 이유로 전통차를 좋아했다. 잔잔한 국악이나 가요가 흘러나오고, 은은한 전통 차 특유의 향이 두 사람에게 스며들면서, 더욱 친밀해지는 느낌이었다.

송미숙은 약속시간에 늦는 날이 많았다. 한종민은 30분간 앞서서 테이블 위에 있는 팔각형 성냥갑속의 개비들을 죄다 꺼내어 탑을 쌓기도 하고, 다시 허물어 다른 모양으로 쌓으며 시간을 보냈다. 그러다, 재떨이에 있는 오늘의 운세를 보기도 했다. 그가 자신의 띠, 뱀의 캐릭터 구멍에 100원 동전을 넣고 단추를 눌렀다. 또르르 말린 종이가 나왔고 펼치면 이런 내용이 적혀 있기도 했다. '지금 만나고 있는 사람과의 관계에 대해 다시 한 번 진지하게 고민해보세요. 오래 가지 못할 사람이라면 빨리 매듭을 짓는 것이 현명할 거예요.'

샐쭉 웃으며 수다 떨기를 좋아하던 송미숙의 표정이 어두워진 것은 만난 지 10개월이 되었을 무렵이었다. 한종민은 그녀에게 주려고 백화점에서 산 머리핀을 내밀었다. "종민 씨, 나 이런 선물 받고 싶지 않아요. 그리고 우리 자주 만나지 못할 것 같아요." 라고 말하는 그녀의 얼굴에는 웃음기가 없었다. 그는 머리끝이 뻗치는 느낌이었다. 그가 뜨악한 표정으로 그녀를 바라봤다. "미숙씨, 무슨 그런 얼토당토않은 얘기를⋯⋯뭐 기분 나쁜 일이라도 있었어요? 그럴 때는 술 술 풀어야 기분이 나아지는 법인데. 어디 얘기해 봐요." 그녀는 그의 얼굴과 찻집의 벽에 걸린 산수화 풍경액자를 번갈아 바라 볼 뿐, 말이 없었다.

한 달 후, 송미숙은 약속시간에 나타나지 않았다. 20분이 지나도록 오지 않아, 집으로 전화를 걸었지만 받지 않았다. 한종민은 그녀의 삐삐(무선호출기)로 호출을 하기도 하고 집 전화기에 빨리 연락해 달라는 음성메시지를 남기도 했다. 그러나 찻집으로 연락은 오지 않았다. 그는 두 시간 동안 기다리다 천천히 일어났다. 그의 걸음이 휘청거렸다. 언젠가 집으로 데려다준다고 갔던 그녀의 집을 찾았지만, 불은 꺼져 있었고 문이 굳게 잠겨 있었다.

　한종민은 송미숙의 집으로 편지를 보냈고 열흘 후에야 답장을 받았다. 자신의 몸이 몹시 아파서 서울에 있는 병원에 입원해야 한다는 것, 그래서 더 이상 만나기 힘들고 그에게 아무런 희망이 될 수 없다는 것, 더 정이 들기 전에 빨리 헤어지는 게 최선이라는 결론을 내렸다는 내용이었다. 마지막에는 아름다운 추억을 잊지 않고 고이 간직하겠다는 거였다. 그의 얼굴이 백짓장처럼 하얘졌다. 그는 벌렁거리는 심장을 안고 그녀의 집을 찾았지만 이미 이사를 가고 없었다.

　한종민은 송미숙이 한번쯤은 이곳에 나타날 거라는 희망을 갖고 오늘도 녹향 찻집에 왔다. 그가 앉은 테이블 위는 보이차가 놓여졌다. '사랑했어요' 노래가 끝나고 나미의 '슬픈 인연'이 애조 띤 음색으로 흘러 나왔다. 그는 눈물이 차오르는 눈을 지그시 감았다. '난 아직도 이 순간을 이별이라 하지 않겠네. 달콤했었지. 그 수많았던 추억 속에서……'

3. 바다를 품은 다방

　민 여사가 '바다 다방'을 송정 바닷가에서 시작한 때는 5년 전인 1990년이었다. 남편이 배를 타는 동안, 민 여사는 아이 둘을 키우고 살림만 살았다. 원양 어선을 타고 나갔던 남편은 어선에 화재가 발생하면서 목숨을 잃었다. 고등학생 딸과 중학생 아들을 키우던 홍 여사는 호구지책으로 일을 해야만 했다. 먼 친척으로부터 다방을 제의받았고 싼 임대료를 주고 인수했다. 민 여사는 배를 타는 남자와 결혼했는데 남자가 떠나고도 바다와 떨어지지 못하는 자신의 팔자가 한탄스러웠다. 레지도 없는 작은 다방이었다.

　민 여사는 가끔 박 영감이 생각났다. 박 영감은 '바다 다방'의 단골이었다.

공무원 정년퇴직을 하고 갈 곳이 없어 바다 다방에 출근 도장을 찍었다. 다방 한 쪽 구석에 자리를 잡아 커피 한 잔을 시켰다. 성경책을 펴놓고 대학 노트 에 만년필로 한 구절 한 구절 옮겨 적기도 했다. 말벗이 필요하면 민 여사와 마주 앉아 세상 돌아가는 얘기를 했고 그러다 보면 밤이 되기도 했다. 박 영 감의 아내가 민 여사가 과부라는 것을 알고 다방으로 찾아온 이후로 박 영감 은 더 이상 오지 않았다.

오늘은 방학이 되어, 서울에서 공부하던 딸이 내려와 다방 일을 돕고 있었 다. 햇살이 쨍쨍한 오후 두시, 한 무리의 피서객들이 우르르 몰려왔다. 딸이 주방에서 차를 만들고 서빙까지 도맡아 해야 했다. 피서 철이면, 민 여사는 냉커피를 만들어 백사장으로 진출하기 때문이었다. 일반 커피 셋, 냉커피 둘 의 주문을 받은 딸은 주방에서 커피를 만들었다. 커피, 크림, 설탕. 세 가지를 잘 섞어야 제 맛이 났다. 민 여사는 커피 둘, 크림 셋, 설탕 둘로 배합을 하라 고 시켜놓은 터다. 냉커피는 얼음을 띄웠다. 커피 다섯 잔과 에이스 비스켓을 접시에 담아 테이블로 배달했다. 손님 중 젊은 남자가 딸에게 윙크를 보냈다.

벽에는 메뉴가 적힌 흰 종이가 네 장 세로로 붙여져 있었다. 쌍화차, 칡차, 대추차, 커피. 19인치 TV가 에어컨 위에 달려 있고, 고무나무가 앞쪽에 하 나, 뒤쪽에 하나 놓여 있었다. 베니어 탁자에 자주색 벨벳 의자가 네 개씩 놓 여 있었다.

같은 시각, 민 여사는 백사장에서 미니다방을 열었다. 파라솔 테이블에 꿀 차, 율무차, 홍차, 코코아, 커피가 올려 져 있고 백사장 바닥에 있는 아이스박 스에는 냉커피도 들어 있었다. 모자 아래로 비지땀이 연신 흘러내렸다. 주로 테이크아웃이 많기 때문에 종이컵을 활용했다. 테이블에 4절지 종이에 붉은 매직으로 쓴 '바다 커피' 종이간판을 매달았다. 마시고 갈 손님을 위한 의자도 세 개가 준비 되어 있었다. 해수욕장이 개장하여 피서객이 몰려오면, 미니다 방도 쏠쏠한 이득을 올려주었다.

일몰 시간이다. 바쁜 일을 끝내고 민 여사와 딸은 다방 앞 노천에 의자를 끌어내 앉았다. 저무는 햇살이 모녀의 얼굴에 드리웠다. 딸은 이대로 가면 손님이 점점 줄어들 것이라며, 내부를 리모델링하여 예쁜 카페로 만들자고 얘기했다. 송정 해변에는 현대적 감각으로 베네치아, 나나이모처럼 이국적 이름을 앞세운 카페가 하나, 둘 들어섰다. 자동차가 다니는 도로에는 '길 커피'를 운영하는 트럭이 줄을 잇고 있었다. 아무런 특색을 갖추지 못한 '바다 다방'이 손님의 눈길을 끌 리가 없었다. 관광객들이 다방에 차를 마시러 왔다가 주변 관광지에 대한 질문을 자꾸 하는 바람에 구청에 가서 관광자료를 구해다가 비치해 놓은 게 유일한 자구책이었다. 민 여사는 딸에게 손사래를 쳤다. 젊은이들이 찾는 다방도 있고, 나이 든 중년들이 찾는 다방도 있는 법이라고 생각했다. 그나마 광어 골에 있는 식당들과 가까운 위치여서 식당 손님들이 들이 닥치기도 했다.

하늘 한가운데 있는 태양만 있는 게 아냐. 서쪽으로 지는 태양도 있지. 노을을 바라보면 얼마나 가슴 벅차고 인간적인가. 민 여사의 눈이 사르르 감겼다. 헤이 사장님, 주문 안 받아요? 다방 안에서 중년 남자가 소리를 질렀다. 커피 하나, 쌍화차 하나. 쌍화차에 계란 넣지 말구요. 민 여사가 다방 안으로 들어와 차를 만들어 왔다.

아, 이 집 커피 맛있는데. 쌍화차 맛도 제법이구만. 손님들이 만족스런 표정을 지으며 차를 마시는 모습을 볼 때면, 하루의 고단함이 싹 물러났다. 다방에서 차를 마시는 사람들 중에 나쁜 사람은 없다고 민 여사는 생각한다. 차가 사람의 심성을 곱게 순화시키는 법이지. 차 한 잔에 무거운 세상의 짐이 사르르 녹아내리지 않던가. 삶의 굴곡도 따스한 한 자락 향훈에 젖어들면 달콤하게 느껴지는 법이니까.

모녀는 다방 한쪽에서 자장면을 시켜 먹었다. 손님이 뜸해진 시각이 되어 두 사람은 밖으로 나와 앉았다. 해변은 밤바다를 즐기는 사람들로 왁자지껄했다. 저 멀리 검푸른 바다위로 불빛이 깜박거리는 배가 항해하고 있었다. 딸이 노래를 흥얼거렸다. '검은 빛 바다 위를 밤배 저 밤배, 무섭지도 않은 가봐 한 없이 흘러가네. 밤하늘 잔별들이 아롱져 비칠 때면……' 민 여사도 어느 새 따라 부르고 있었다. 소슬한 바닷바람이 불어 와 모녀의 머리칼을 흩뜨렸다.

차 한 잔에 무거운 세상의 짐이 사르르 녹아내리지 않던가.
삶의 굴곡도 따스한 한 자락 향훈에 젖어들면 달콤하게 느껴지는 법이니까.

이정화 무용가

-

한국전통춤을 기본으로 오늘날 새로운 한국춤의 모형을 세우고자
이정화와 춤추는 사람들과 함께 열심히 춤 추고 창작작업을 하고 있다.

다방에서
춤공부

_이정화

다방은 커피숍, 커피하우스, 찻집 등으로 불리며 여러 가지 차와 음료를 파는 곳으로 오늘날은 대부분 체인점 형태의 찻집에서 빵, 케이크, 간단한 식사를 판매하기도 한다.

다방의 고전적 기능은 음악 감상 및 환담 등을 나누는 문화공간이었으나 오늘날은 다방의 역할을 하는 커피숍이 한 집 건너 있다고 할 만큼 많아 어느 동네나 경관이 좋은 곳이면 빠짐없이 있고, 특징적인 문화공간으로 전시관과 사진관 심지어 옷가게와 부동산과 함께 병행하는 곳도 있다.

우리가 아는 다방은 지금의 체인점으로 운영되는 형태의 것과는 분위기와 음료의 종류 이용객 등에서 확연히 다른 것이었다.

옛날 다방은 영화나 텔레비젼 등의 매체를 통해서 본 중년 남자, 흔히 아저씨들의 애용공간으로서 커피에 계란 노란자를 띄워 마시고, 재료가 뭔지 모르지만 십전대보탕이란 차를 마시며 다방에서 일하는 여 종업원들과 즐거운 시간을 보내는 그림을 연출하는 곳이다.

우리가 다방 카페라는 곳을 처음 들어가 본 것은 대학을 입학하고 난 후이다. 학교 앞에 다방 카페는 DJ가 있어 음악을 틀어주거나 간단한 경양식을 함께 파는 곳으로 커피나 그 외 음료를 마시며 빈 수업 시간이나 다음 수업을 기다리기 위해 들르는 곳이자 무료한 시간을 달래는 장소이기도 했다. 지금과는 달리 어두운 조명에 음악이 흐르는 곳으로 남녀의 만남이 이루어지는 미팅의 낭만이 넘치는 장소이기도 했다.

지금처럼 밝은 조명과 컴퓨터가 있어 자리마다 공부하는 모습은 거의 없고 시험기간이 되면 출석을 하지 않은 친구들이 노트 필기 복사를 부탁하고 요약 정리본을 받아 보기 위해 노트나 프린터물을 들고 시험 얘기를 했고, 시험 당일이 되면 일찍 도서관에 자리를 잡지 못한 친구들이 시험 준비를 위해 불안한 마음을 달래는 곳이 다방이기도 했다.

일반학과와는 달리 춤꾼을 꿈꾸며 일찍부터 무용을 했고, 입학 시절부터 실기와 이론시험 과정을 통과해야 했던 무용학도들의 대학 시절은 실기와 전공 이론 그리고 교양과목 시험으로 이중삼중의 부담을 가진 예비 예술인 춤꾼들에게는 어둡고 음악이 흐르는 다방 카페는 도서관이자 연습실이 되었다.

실기 시험은 교양과 이론시험이 있기 일주일 전부터 시작된다. 그래서 실기시험 치기 일주일 혹은 보름 전부터 시험을 준비해야 했다. 작품 창작 실기 과제나 실기 향상을 위한 시험 등 시험의 종류도 다양하다. 실기시험 준비 기간이 오면 실기실은 늦게까지 불이 꺼지지 않았고, 조금이라도 더 연습하기 위해 수위실 아저씨에게 부탁하여 늦은 밤까지 불을 밝히거나 혹은 밤을 새우기도 했다. 부족한 실기실을 빌리기 위해 줄을 서야 했고, 차례가 오면 머리와 가슴으로 정리한 것들을 몸으로 연습해 보는 시간을 가지게 된다.

부족한 연습실로 인해 미리 음악을 선택하고 플로어 패턴(floor pattern)을 종이에 그리며 머리와 마음으로 움직임을 정리하는 준비과정은 주로 다방 카페에서 이루어진다. 이렇게 카페는 실기 시험을 대비하는 도서관이자 춤꾼이 상상의 나래를 펴는 실기실이 되는 것이다.

다방에 들어서면 다방의 음악을 무시하고 한 때 폭발적으로 유행하던, 마이마이(my my)라고 불리던 워크맨(work man)소형 녹음기의 이어폰을 귀에 꽂고 있는 친구들을 만난다. 음악을 듣거나 춤을 안무하는 일에 빠져 보지 못하는 친구도 있지만 서로를 발견한 친구는 가벼운 인사 후 각자의 자리를 차지하고 음료를 주문한 후 의식을 치르듯 소형 카셋트와 필기도구를 꺼내어 의자에 앉은 자세로 머리, 마음 그리고 사용 가능한 범위의 손과 발로 춤을 추며 춤을 안무하거나 연습하며 작품을 만드는 것이 시험을 대비하는 우리의 모습이자 춤 공부였다.

우리의 춤 공부는 일반학과의 학생들과는 전혀 다른 공부이다. 머리로 생각하고 마음으로 담아 몸으로 움직이는 공부인 것이다. 좁은 공간에도 불구하고 앉는 자리가 연습실이며 어디에서나 공부는 시작되는 것이다. 이어폰에서 들리는 음악이라도 있음 모두는 무대의 멋진 조명을 받으며 공연하는 춤꾼이 되어 상상의 나래를 펼치는 것이다.

군무 시험(여러 춤꾼이 한 가지 주제로 움직임을 함께 창작하는 작품을 만드는)을 준비해야 되면 이어폰을 나누어 귀에 꼽고 음악을 함께 들으며 움직임을 만들어내는 기초 작업을 한다. 시험이 작품을 만드는 창작이고 군무일 때는 더욱 복잡한 일들이 생기게 된다. 각자의 의견을 종합하여 정리하고 각자의 움직임과 군무의 움직임을 결정하는 결정자가 있어야 했다. 이렇게 저렇게 각자의 의견을 내어 의논하다보면 누군가를 특별히 선정하지 않아도 자연스럽게 군무의 움직임은 결정되어 가고 있다. 서로의 의견을 조합하고 느낌을 나누며 춤 동작을 만들어 나가는 동안 몸으로 이해하고 소통하는 춤을 함께 추는 좋은 친구가 되는 과정인 것이다.

누군가는 꽃이 되고, 구름이 되고 바람이 되어 움직이며 함께 자연의 아름다움을 몸으로 표현하기도 한다. 각자의 감성이 몸으로 전달되어 군무의 아름다운 움직임으로 통일되어 가는 과정은 춤을 통하지 않고는 할 수 없을 것이

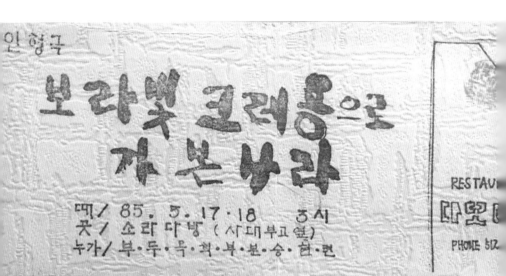

인형극

보라빛 크레용으로 거 본 나라

때 / 85. 5. 17·18   3시
곳 / 소라 다방 (시대부고 옆)
누가 / 부·두·옥·척·북·분·승·현·련

RESTAU
안뜰
PHONE 512

복합문화공간의 역할을 했던 다방

다. 이러한 아름다운 작업들이 어둡고 약간은 침침한 다방에서 기초가 만들어
지고 연습실로 이어진다. 각자의 다양하고 복잡한 의견이 종합되어 해결해가
는 과정도 다방에서 이루어지는 일들이며 춤공부의 과정이다.

졸업 후 체육과 대학원 공부를 하면서 이러한 춤공부의 과정이 체육심리학
에서 연구되어 학계에서 널리 알려져 있고 모든 운동 종목에서 실행하고 있는
image training이란 것을 알게 되었다. 이러한 이미지 공부는 우리나라에서 호
흡 훈련과 함께 양궁이나 사격 등 집중력이 필요한 운동 종목의 준비과정으로
많은 효과를 보고 있는 중요한 요인임을 알게 되었다.

체육은 춤과 같이 몸의 움직임을 통한 신체 활동이지만 정서와 창작의 표
현이란 면에서 차이점이 있으며, 체육 학문의 세분화를 통해 얻어지는 이론들
은 춤의 움직임과 연관된 이론들이 많이 있다. 근래는 춤꾼들이 이러한 연구
에 동참하여 춤의 발전에 기여하고 있다.

우리는 이러한 연구된 이론을 가르쳐 주는 사람도 없었고, 이러한 이론에

대해 배우지도 알지도 못했지만 우리는 스스로를 위한 공부를 다방에서 찾아 갔었다.

우리에겐 어둡고 좁은 다방이 실기시험장이 되거나 무대가 되어 춤을 춘 것이다. 실기 시험장에는 채점하는 선생님과 음악 그리고 시험을 치는 학생들이 관객이 될 때도 있고, 채점하는 선생님들만 계시어 관객이 없는 경우도 있다. 그래서 독무시험을 준비하고 시험 치는 경우 각자는 서로를 볼 수 없을 때도 있다. 실기시험은 무대에서 춤을 추는 것과 같이 의상과 음악 그리고 소품 등 철저한 준비와 긴장된 마음으로 임하게 되며 이것이 무대로 이어지는 과정으로 무대 공연을 위한 연습의 한 부분이었다.

우리는 학교 앞 다방에서 학교 연습실이라는 공간의 제한 없이 춤에 대한 꿈과 희망을 키웠던 예비 예술인으로서 대학시절을 보냈고, 우리는 아직까지도 30년이란 세월을 굽이굽이 넘어서 좋은 친구로 남아 학교생활의 추억과 춤의 이야기를 나누고 있다. 대학시절 함께 춤의 꿈을 꾸고 함께 이루기 위해 노력하며 춤을 통해 만난 우리는 전공을 살려 춤을 추고 있는 친구도 있고, 다른 일을 하는 이도 있지만 지금도 춤으로 이어지길 내심 바라고 있는 한결 같은 친구들이다. 그 시절 다방의 이름으로 만나는 추억의 강물에 떠오르는 반가운 얼굴들을 어찌 마다하랴.

춤추는 다방

요즘은 동네마다 개성과 취향이 독특한 미니 전시관이나 갤러리를 겸한 문화 공간 역할을 하는 찻집이나 커피 숍이 자리하고 있다.

가끔 시간이 허락하면 한적한 다방에 노트북을 들고 음료 한잔을 마시며 간단한 일거리를 처리하기도 하고 인터넷을 뒤적거리며 이곳저곳을 여행하기도 한다. 나의 아지트인 다방은 손님이 분비지 않고 주인장이 직접 만든 과일 청이 맛있는 집으로 지금도 대학 시절 춤을 공부하듯 창작 작업을 위한 업무와 미리 저장해온 핸드폰 음악을 들으며 머릿속으로 또는 손과 발이 가능한 몸짓으로 춤을 연습하거나 안무하는 작업을 한다.

작금의 현실은 춤판을 기획하는 사람이거나 춤을 추는 춤꾼들에게 녹록하지 않다. 부산의 4개 대학에 무용과가 있었지만 3개 대학은 과가 없어지고 부산대학교에 유일하게 남아있는 실정이다. 무용 학원의 수강생은 무용을 전공하는 학생들의 수는 해마다 줄어들고 동사무소나 각구의 문화회관 등 취미로 춤을 배우는 어머니 부대가 대세이다.

춤의 대중화를 생각한다면 좋은 현상이라 하겠지만 춤 전공생의 부재는 춤판의 실력 저하와 함께 춤이 대중의 기분이나 기호에 맞추는 것으로 변형되고 있어 춤 예술 발전엔 크게 도움이 되지 않는다. 이러한 현상의 원인은 춤과 관객의 소통 부재도 한 몫을 차지하고 있다. 쉽게 춤을 대할 수 있고 감동 받고 흥미를 느낄 수 있는 춤꾼과 관객의 소통이 이루어진다면 다시 춤바람이 일어날 수 있지 않을까 한다. 춤바람이 일어날 때 삶의 질은 향상되고 신명나는 사회가 될 것이다.

다방을 춤과 관객의 소통을 공유하는 춤과 대화하는 장소와 시간으로 채워보면 어떨까? 전망 좋은 바다가 보인다면 더할 나위 없을 좋은 무대장치가 되리라. 춤꾼의 이야기를 관객과 춤으로 나누고 관객의 이야기에 춤꾼들이 귀 기울이는 공간이라면 얼마든지 춤을 통해 춤추고 소통하는 열려 있는 춤추는 다방이 되지 않겠는가?

부산의 어느 동에 위치한 다방에 가면 늘 춤을 볼 수 있는 것이다. 동네 사람은 물론이고 먼 곳에서 찾아오는 관객들에게 한국춤, 현대무용, 발레를 기본으로 창작된 오늘날의 우리 이야기가 가벼운 담소같이 다방에서 이루어진다면 어찌 흥감하지 않으리오. 위대하고 거대한 모든 것은 작은 것에서 시작하여 만들어 지듯 춤 문화의 새로운 장을 열고 새로운 춤의 전통을 만들어 나갈 수 있을 것이다.

글로벌을 외치며 외래문화의 유입과 지역마다 국제무용제, 세계무용 등 규모가 크고 화려한 것들만을 추구하는 것에서 우리는 내면을 다지고 작지만 춤이 가지고 있는 소통의 소중함을 찾아 춤으로 이야기하는 새로운 춤길을 만들고 그 춤길을 함께 걸을 수 있는 춤의 다방을 만들고 싶다.

거의 30년이 지났지만 대학시절 다방에 앉아 이어폰을 함께 나눠 끼고 춤을 창작하며 시험을 대비하던 춤 공부의 친구들이 중년이 넘은 나이에 만나 맛난 식사 후 바다가 보이고 풍경이 좋은 넓은 다방에 앉아 대학 시절의 추억담 그리고 춤에 대한 꿈을 이야기 하며 아름다운 추억으로 지금도 함께 나누고 싶은 간절한 마음으로 또 다른 춤을 이야기하고 있다.

대학 시절 다방에서 절절하게 한 춤 공부는 아직도 행복한 꿈의 이야기로 남아 우리와 함께하고 있으며, 세월의 깊이와 더께가 주는 융숭한 북돋움과 메시지야말로 춤을 공부하는 후배들에게 또는 아직도 춤의 길을 가고 있는 친구들에게 격려와 용기의 등불이 아니겠는가 되뇌어 본다.

열악한 환경 탓에 다방에 앉아 춤 공부하던 시절이 우리에게 아름다운 추억과 깊은 우정 그리고 춤에 대한 깊은 애정으로 남아 지금도 어느 곳에서나 어느 때나 춤 길을 걷는 일상을 만들어 주고 있다.

강영순 화가

-

삼십 년을 못 채운 중학교 미술교사 생활을 벗어나 개인전 일곱 번,
아트페어에 아홉 번, 기타 여러 단체전에 부지런히 작품을 내고 있음.
마당에 내리는 빗소리가 듣고 싶어 2시간 거리에 시골집을 마련한 덕분에
너무 바쁘게 살고 있음.

내 청춘의 공간
- 70~80년대 다방을 중심으로

_강영순

추억은 있지만 실루엣처럼 희미하다. 가슴은 뛰어도 디테일은 턱없이 부족하다. 작업실 한편의 묵은 박스 하나를 꺼냈다.

여학교 시절의 단짝과 주고받은 메모지와 손편지, 교표와 이름표, 졸업반지, 첫 소개팅을 했던 다방의 성냥갑, 대학 때부터 해마다 써왔던 다이어리겸용 수첩이 들어있는 종이박스다.

수첩 속은 잡다한 내용으로 다소 빼곡하거나 다소 느슨하거나 들쑥날쑥이지만 약속장소의 다방 이름과 약속시간 등이 제법 친절하게 메모되어 있었다.

대학 2학년이었던 1976년부터 1980년대 초반까지의 수첩 속에 등장하는 다방 이름을 대충 적어본다. 왕비다방 3층, 밀, 향원, 백조, 홍실, 희, 수, 아침, 길, 고궁, 밀바, 화신, 가배, 가빈, 심지, 광복, 까페 떼아뜨르, 상록, 통일, 홍아, 동궁, 목마, 전원, 왕, 타우, 삼정, 우다방, 그리고 아드반.

왕비다방 3층과 밀다방은 참으로 자주 나온다. 소품전 전시를 했고 '만년필분실'이라 메모된 서면의 전원다실은 이상하게 위치와 공간이 전혀 기억나지 않는다. 하루찻집을 했다는 동궁다방 역시 이름도 생경하고 장소도 기억나지 않지만, 초창기 미스코리아 출신으로 미모가 상당했던 중년의 마담 얼굴은 희미하게 떠오른다. 내 청춘의 이삼십 대와 함께한 1970, 80년대 부산의 다방 몇 곳을 기억해내자니 묘하게 윤동주의 「별 헤는 밤」이 떠오른다. 별을 부르듯 내 추억의 찻집들을 하나씩 헤아려 본다.

찻집 하나
〈밀바다방〉 - 옛 문우당서점 근처 남포동 대로변 2층

　　여고 입학을 앞두고 있었던 시기쯤, 여섯 살 터울의 오빠가 군 입대 직전까지 한시적으로 음악 DJ를 했던 곳. 훗날 대학을 다닐 때도 가끔 들렀던 찻집이다. 이탈리아 칸초네의 여왕 밀바의 이름을 빌렸다고 생각된다. 당시 라디오에서는 물론, 〈밀바〉에서 밀바의 '지중해의 장미'나 '눈물 속에 피는 꽃'을 가끔 들을 수 있었다. 어느 날 오빠는 언제나처럼 통금에 임박한 밤늦은 귀갓길에 존 바에즈의 LP판을 들고 와서 'The wild mountain thyme'을 들려주었다. 가사의 내용을 알고 싶었던 언니가 수십 번 반복해서 듣는 바람에 저절로 따라 부르게 되고 이후 존 바에즈의 팬이 된 것은 당연지사. 그녀의 음악은 언제 어디서 어떤 곡을 들어도 좋다. 프랑스 작가 외젠 다비의 『북호텔』을 읽고, 노후에 그 주인공처럼 허름하지만 작은 호텔을 운영하며 여행객들의 살아온 이야기를 들으며 살고 싶다던 로맨티스트 나의 오라버니. 지금은 고인이 되었지만 몇 년 뒤 찻집 〈아드반〉을 대청동에 열게 된다.

#찻집 둘
〈에뜨랑제〉와 〈마로니에〉 - 부산대학교 옛 정문(무지개문) 앞

내가 1975년 부산대학교 입학했을 때의 정문은 무지개문이었다.

대신동에서 부산대학교까지를 운행했던 18번, 19번 버스종점에서 하차하여 정문으로 오르는 길 초입부 왼편 지하에 〈마로니에〉가 있고, 길이 끝나는 지점 정문 가까이 왼편 1층에 〈에뜨랑제〉가 있었다. 찻집의 위치가 서로 근접해 있어 이쪽저쪽 구별 없이 들러서 친구 만나고 차 마시고, 피터 폴 앤 메리의 '500miles'나 사이먼 앤 가펑클의 '험한 세상 다리가 되어', 애니멀스의 '해 뜨는 집'등을 신청해서 들었다.

〈마로니에〉에서 나는 학과 동기 S와 K의 연애사를 들었다. K가 기말시험 기간 중 내게서 빌린 영어책을 버스에서 잃어버린 탓에 방위병 근무를 하던 S에게서 책을 빌리게 되고, 돌려주고 밥 사주고 하면서 사귀게 되었다는 것. 둘 다 성격이 강해 연애는 격렬했지만, S가 먼저 결혼을 하는 바람에 말 많고 탈도 많았던 연애도 막을 내렸다.

〈에뜨랑제〉는 조지아 오키프를 떠올리는 찻집이다. 건물 바로 앞에 가끔 나타나 헌 화집과 과월호 잡지 등을 파는 리어카 좌판이 있었다. 차 마시러 들어가다 사진이 너무 좋아서 LIFE 잡지를 한 권 샀다. 에뜨랑제에서 음악 신청해 놓고 커피 마시며 보았던 라이프 잡지 속 멋있는 사진의 주인공이 조지아 오키프라는 걸 그때는 몰랐다. 스티글리츠가 찍어준 오키프의 특집판이란 걸 알게 되기까지는 오랜 시간이 걸렸다.

#찻집 셋

〈백조다방〉 - 광복동 입구 뒷골목 옛 대한생명건물 지하

클래식 음악을 이해하는 것이 문화의 척도가 되던 시절. 당시 최고의 음향 기기를 갖춘 백조는 클래식 마니아들의 아지트였다.

서울에서 대학을 다니던 친구 C와 Y스님과 나는 방학 때면 백조에서 만났다. C는 클래식기타 연주 실력이 수준급이고 노래도 잘 불렀다. Y스님은 영도의 조그만 사찰에 거주하며 광복동에 자주 나타났다. 철학과 출신에다 레비스트로스의 『슬픈열대』류의 책을 읽으며 차와 클래식 음악에 정통한 덕분에 당시 지적 호기심이 가득 찬 일부 여대생 사이에 인기가 있었다. C와 Y스님이 음악에 대한 풍부한 지식을 서로 나눌 때마다 나는 그저 가만히 앉아 있었다.

겨울 어느 날 저녁 무렵이었던 것 같다. 출입문을 막 열고 들어서다 나도 모르게 멈추어 섰다. 저음이지만 강렬하고 조용하게 영혼을 휘감듯이 흐르는 첼로 소리가 너무 아름다워서였다. C에게 제목을 물었더니 막스 부르흐의 Kol Nidrei라 했다. '신의 날'이란 뜻으로 고대 히브리의 성가를 첼로독주와 관현악 반주로 변주시킨 환상곡. 그날 이후 자크린느 뒤프레가 연주하는 Kol Nidrei를 얼마나 자주 들었던가.

지금도 라디오에서 부르흐의 '신의 날'이 나올 때면 내 나이 스물의 〈백조〉가 떠오른다. 제주도 유채꽃 사이로 흐르는 바람소리를 듣고 싶다던 Y스님과 주변을 서성이던 긴 생머리의 여대생들도 함께.

#찻집 넷
〈홍실〉 – 남포동 구두골목 안 2층

대학 졸업반 여름방학. 친구 B를 〈홍실〉에서 만나기로 한 날은 비가 많이 내렸다. 실내는 습도가 높았고, B는 비에 젖은 채 약속시간보다 한참 늦게 나타났다.

남자친구와 헤어졌다고 했다. 내가 알기로도 벌써 세 번째의 이별이었다.

B는 창가 구석자리 탁자 아래에서 담배를 꺼내 물었다. 습기 탓인지 불이 쉽게 붙지 않자 초조하게 성냥을 그어대던 친구를 보며 나는 어떤 위로의 말도 꺼낼 수 없었다. 몇 번의 시도 끝에 B는 고개를 숙인 채 연기를 길게 뱉어냈다. 개방된 자리에서 담배를 피는 여대생이 흔치 않던 시절이라 나는 조금 당황했지만 주위의 눈치를 살피며 몰래 한숨처럼 뱉어내는 친구의 담배연기가 너무 슬프게 느껴졌다.

그때 들었던 음악이 슈베르트의 '죽음과 소녀'였다. B가 신청했는지는 기억에 없지만, 그 곡은 몇 달 전 서울에서 B를 만났던 찻집에서 같이 들었다. 한 무리의 사람들과 함께였으니 그 속에 헤어졌다는 B의 남친도 있었을까.

지금은 성직자가 되어 독신으로 살고 있는 B. 〈홍실〉은 내게 축축한 공기 속에서 피어오르던 담배연기와 슈베르트와 함께 기억된다.

#찻집 다섯
〈강변〉 – 사하구 하단동 에덴공원 안 클래식 카페

에덴공원을 떠올리면 생각나는 것들이 많다. 토속주점들. 미팅과 야외스케치. 을숙도. 바람에 조금씩 흔들리던 나룻배, 길게 드러누운 낙동강과 갈대숲, 가슴을 붉게 저미던 일몰. 그리고 카페 〈강변〉이다.

갈대로 엮은 울타리와 실내공간, 질 좋은 스피커와 앰프, 윤한수 작 설령 연출의 살롱극 「올가미」를 보았던 작은 무대,

등단하기 전의 P 시인의 시화가 걸린 소나무와 그 아래로 낮게 흐르던 음악. 카페 마당의 자갈 밟히는 소리. TBC 아나운서 출신의 O가 시를 낭송하는 분위기 있는 목소리.

미대생 내가 공대생인 미팅 파트너에게 Cool Art와, 더 유명한 작가의 어설

픈 그림이 덜 유명한 작가의 퍽 좋은 그림보다 훨씬 더 잘 팔리는 이름주의에 대해 어쭙잖게 풀었던 '썰'도 카페〈강변〉의 추억으로 함께한다.

#찻집 여섯
〈대아호텔 커피숍〉 - 서면로터리 대아호텔 2층

졸업 후 직장생활 2년차. 1980년 5월 22일 목요일.

퇴근 후 친하게 지내던 선배 동료가 여학교 시절부터 잘 알고 지내는 멋진 남자를 소개해 주겠다며 나를 이끌고 간 곳은 서면에 있는 대아호텔 커피숍이었다. 선배 말처럼 소개남은 키가 크고 호남형이며 더구나 S대 출신의 은행원이었다.

서로 통성명을 하고 보니 뜻밖에 동성동본 아닌가. 이럴 수가⋯. 서로 한참 웃으며 얘기하다 선배를 보내고 어디 가서 저녁 먹고 맥주나 한잔 하자며 커피숍을 나왔다. 태화백화점 뒤편으로 가기 위해 무심코 걸어 내려간 서면 지하도 안에서는 검은 활자가 군데군데 하얗게 지워진 호외가 미친 듯이 마구 뿌려지고 있었다. 5월 18일 광주에서 무슨 일이 일어났는가. 나흘이 지나도록 지상의 언론은 조용했지만 지하로 겨우 몇 발짝 내려간 내게 지하에서 지워진 활자가 보여주는 힘은 엄청났다. 그날 석간신문 1면에는 새로 임명된 부총리서리가 대통령의 지시에 따라 내무부장관과 광주에 급파되었다는 단 두 문장만 실렸다.

보이지 않는 막연한 공포감을 안은 채 소개남과 지하도를 건너 저녁을 먹고 맥주를 마시고 헤어졌다.

몇 년 후 대아호텔의 화재로 대아호텔 커피숍은 사라졌지만 아직도 그날의 충격은 선명하게 살아 있다.

#찻집 일곱
〈가배〉 – 옛 비엔씨제과 옆 먹자골목 초입부 2층

咖啡(가배)는 coffee의 한자어다. 1975년 대학 일학년 여름방학, 오빠가 거제도 지심도에 놀러 가자고 꼬셨다. 오빠와 오빠친구 J, J의 대학 후배 둘, 후배 여동생, 그리고 나와 나의 여고친구 셋은 4박 5일간의 여행을 떠났다.

그리고 정확히 5년 만에 뜬금없이 J에게서 차 마시자고 연락이 왔다. 광복동 입구의 전통찻집 소화방에서 보기로 했는데 때마침 휴무일이었다. 가까운 〈백조〉로 갈까 하다 새로 문을 연 지 얼마 안 된 〈가배〉로 갔다.

〈가배〉는 약간 휘어져 있는 좁은 계단을 올라가야 하는 2층에 있었는데 커피 맛이 좋았다고 기억된다. 실내는 천장이 낮고 몇 안 되는 테이블에 간격도 좁았지만 원탁이 있어서 정겹고, 흡사 다락방을 연상시키는 공간이었다.

J와 5년 만에 만나서 저녁도 먹지 않고 서너 시간을 끊임없이 이야기를 했다. 도대체 무슨 이야기를 했는지는 도통 기억나지 않지만.

J와 나는 그해의 끝자락부터 현재까지 38년 동안 한 지붕 아래 동거인으로 살고 있다.

#카페 여덟
〈통일다방〉 – 서면로터리 청학서림2층

1980년 11월 22일 토요일. 유일하게 처음이자 마지막으로 딱 한 번만 들렀던 찻집이다.

가배에서 해후한 J와 거의 매일 만나다가 한 달 가까이 냉전 중이었다. 누가 먼저 연락했는지 장소가 왜 통일다방이었는지는 기억나지 않는다. 조금 늦게 나타난 J는 말쑥한 양복차림이었다. 자리에 앉으며 느닷없이 싸아한 표정으로 어제 국제신문 1면 기사를 봤냐고 물었다.

오랜만의 만남이었는데 그동안 잘 지냈냐라는 지극히 일상적인 안부도 없었다.

'겨울비가…… 森羅萬象에……'

1980년 11월 21일 금요일 국제신문 1면 톱기사 제목이다.

시국이 하루가 다르게 격변하던 시기였던 상황, 평소와 달랐던 약속장소, 낯선 표정, 황당한 질문.

국제신문은 며칠 뒤 25일에 폐간호를 발간한다. 지금까지 '겨울비가 촉촉히 내린다, 삼라만상에'로 들었던 것으로 기억하는데 실제로 그날의 신문은 강풍을 동반한 추위를 예고하는 비가 내리고 있다고 보도하고 있다.

#찻집 아홉
〈아드반〉 – 대청동 옛 미문화원 옆 2층

화랑을 경영하기도 하고, 옛 미문화원 뒷길에서 예술서적 전문서점을 했던 오빠가 미문화원 근처 2층에 삼십 대를 위한 콘셉트로 〈아드반〉을 열었다.

아드반은 산스크리트어로 진리를 찾아 떠나는 순례자란 뜻. 나름 미술 관련 업종 종사자니 실내공간은 작품으로 가득했다.

찻집에 들어서면 우선 마주 보이는 벽면에는 젊은 화가 장원실의 회화작품이 절반을 차지하고 있다. 천장에서 절반쯤 내려와 있는 육중한 목어는 조각가 김정명의 작품이다. 목어 바로 아래에는 거칠게 깎은 커다란 원목 테이블이 공간을 압도하듯 벽쪽 중앙에 놓여있다. 원목 테이블엔 같은 건물 3층에 있는 수로꽃꽂이 사범들의 아름다운 꽃이 놓여 있고. 이웃사촌이었던 화가 안창

홍은 자주 창가에 앉아 있곤 했다. 지금도 가만히 생각해 보면 누구도 흉내낼 수 없는 아름다운 공간이었던 것 같다.

일명 '다시 마시고 싶은 커피'라 불리는 〈아드반〉의 스페셜 메뉴는 블랙커피에 스포이드로 코냑을 절묘하게 한 방울 떨어뜨린 커피였는데 맛은 잘 기억나지 않는다.

〈아드반〉에서 나는 작가 두 사람을 맺어 주려 했던 적이 있다. 실패했지만 내겐 그마저도 추억이다.

하루를 마감한 〈아드반〉의 평화로운 공간에 조용하게 흐르던 노래 '꽃, 새, 눈물.' 최인호의 가사와 송창식의 홀리보이스 시절 음색은 이보다 더 아름다울 수 없다.

지금은 모두 사라지고 없지만 내 젊은 날의 추억을 고스란히 지니고 있는 찻집들. 그곳은 조용필의 마른 꽃 걸린 그 겨울의 찻집과, 최백호의 그야말로 옛날식 다방처럼 사랑과 낭만이 살아 있던 절대공간이었다.

문득, 『초식』을 쓴 작가 이제하가 서울 평창동에 열었다는 〈카페 마리안느〉에 가봐야겠다는 생각이 든다. 그 시절 '작은 새'를 불렀던 마리안느 페이스풀을 만나 보고 싶다.

다방은 지금

황미숙 동화작가

–

부산 앞바다가 보이는 산복도로 산리마을에 살고 있으며, 지금 살고 있는 집을
작은 도서관으로 만들어 아이들과 잘 노는 '이야기 할머니'가 되는 게 꿈이다.
편지쓰기 강좌를 하며 아이들과 소통하고 동화를 짓고,
동요와 가곡 노랫말을 쓴다.

뉴욕타임스 선정
'꼭 가봐야 할 세계명소'

_황미숙

길을 나서며

길은 언제 어디에나 있다. 걸으면 길이다. 어디든 길이다. 설령 길이 아닌 듯 보일지라도 걷는 순간부터 길이다. 길을 걷는다는 건 나와 타인이 만나고, 타인의 어제와 나의 오늘이 만나는 것이다. 그러니 혼자 걸어도 혼자가 아니다. 수없이 새겨진 발자국 위로 흔적 하나 보태는 일이다. 길을 찾아 나서는 건 가고자 하는 길 위에 투명한 발 도장을 찍는 것이다.

전포(田浦)카페거리

전포동은 한자어로 밭 전(田), 물가 포(浦), 즉 '밭이 많은 갯가'라는 뜻을 품고 있다. 그래서 별칭이 '밭개'다. 지금도 전포동 일부 주민들은 5월이면 '밭개마을 경로잔치'를 한다고 한다.

밀물처럼 들어오는 사람들

전포카페기리는 부산진구 전포동 놀이마루에서부터 전포성당 일대, NC백화점 서면점 뒤편에 분포되어 있다.

2003년 대우버스 공장을 중심으로 전포동 인근에는 철물·공구상점이 빽빽하게 들어섰다. 하지만 대우버스 공장 이전이 확정되고부터 철물·공구상점들이 서서히 문을 닫았다. 인적이 끊어지자 이 일대는 쓰레기가 뒹구는 볼품없는 곳이 되어 한때 음울한 공장지대로 슬럼화되었다.

그러다 2010년 즈음부터 도시의 젊은이들이 하나둘씩 모여들었다. 허름한 빈 점포를 빌려 소자본으로 예쁜 카페와 밥집을 연 것이다. 공구상가의 지저분한 기름때가 가득했던 거리에 소규모의 특색 있는 카페가 들어서면서 변화의 바람이 조금씩 불기 시작했다. 위기가 곧 기회라는 말처럼 위기를 통해 새로운 변화를 모색하는 계기가 된 것이다.

전포카페거리는 2017년 미국 일간지 '뉴욕타임스'가 발표한 〈2017년 꼭 가

전포카페거리

봐야 할 세계명소 52곳〉에 선정되었다. 후미진 뒷골목을 '창조적 공간'으로 재
탄생시킨 것에 세계인이 주목했다.

"오래되어 보이는 느낌과 세련미를 살리기 위해 볼트공장의 집기를 그대
로 활용하다 보니, 인테리어 비용도 아끼고 손님에게 특별한 인상을 심어주
어 일석이조의 효과를 누릴 수 있었다."는 의류가게 사장의 인터뷰 기사이다.

볼트공장에 들어선 한 의류가게가 대형철재, 공구박스 수납장을 활용하여
의류와 소품을 전시한 것은 좋은 사례다.

옛것을 잘 살리면 빈티지하면서도 그 가치가 살아난다. 문화는 지키고 가꾸
지 않으면 소멸한다. 오래된 것을 파괴하면 과거가 사라지는 것이다.

부산진구 통계에 따르면 전포카페거리에는 2018년 1월 기준 약 250여 개의
가게가 들어섰다고 하는데 계속 늘어날 추세다.

전포카페거리 문정호 상인회장은 국제신문 피플＆피플에(2107년 12월 10일)

"지자체가 청년 창작·창업 컨설팅센터를 만들어 주는 등 상인이 정말 필요로 하는 지원책을 내줬으면 한다."고 했다. 전포카페거리 일원이었던 제일제당과 경남모직이 있던 자리는 과거 대기업의 발상지였다고 하며, 전포카페거리만의 문화를 위해 과거의 의미가 담긴 건물을 사서 이야기가 있는 장소를 만들거나, 공연을 유치하여 문화가 있는 분위기를 조성하는 지원이 있으면 좋겠다고 밝히기도 했다. 문정호 회장은 옛 대우자동차 공장과 공구상가 이야기를 엮어 스토리텔링을 하거나 포토존을 만드는 방안을 모색 중이라고 한다. 그렇다면 역사적 의미가 깃든 거리가 될 것이며, 전포카페거리의 가치를 높이는 데 큰 몫을 할 것이라고 했다.

전포카페거리는 아직 할 일이 많다. 골목 환경을 나무와 꽃, 조명으로 개선하고, 공중에 거미줄처럼 얽힌 전선을 없애고, 전선을 지중화하는 방안을 9월쯤 시행할 예정이다. 다가오는 10월에는 전포거리 커피축제가 열린다. 지난해보다 더 많은 예산을 확보하여 축제공간을 넓히고 다양한 체험코너를 운영할 것이라 하니 기대가 크다. 예술 체험을 통한 문화예술이 자연스럽게 뿌리 내리길 바란다.

전포카페거리 숨은 명소 탐방

공장형 인테리어가 독특하고 빈티지해 보이는 카페 입구에 하얀색 캠핑카(카라반)가 있어서 눈길을 끈다. 복층으로 된 실내 1층은 높은 천장이 보이고, 2층은 아늑한 다락 느낌이 나는 카페와 음식점이 많다. 아기자기하며 여성스러움이 묻어나서 사진 촬영하기에 좋은 카페, 분위기가 아늑한 카페, 자연을 느낄 수 있는 카페, 특별한 소품이 많은 카페, 차와 꽃을 파는 카페, 내 손으로 특별한 선물을 만드는 카페, 조경이 뛰어나며 쉬어갈 수 있는 해먹이 옥상에

꽃과 차가 있는 다방   손씨와 오씨가 공들여 만든 식탁

설치된 카페, 사주와 타로카페 등 분위기와 맛으로 취향을 저격하는 개성 만
점의 카페가 많다. 영어로 된 메뉴판이 있는 카페도 있다.

　이국적인 음식점도 많다. 스위스나 일본식 가정음식을 파는 곳, 베트남, 중
국, 태국 음식을 파는 곳, 수프가 맛있는 곳, 샐러드가 맛있는 곳, 카레가 맛있
는 곳, 초밥을 잘하는 곳, 개인 화로에 고기를 구워 먹으며 혼술과 혼밥을 하
기 좋은 곳, 국물과 함께 먹는 맛있는 떡볶이집, 간편하게 먹을 수 있는 다양
한 메뉴의 토스트 가게, 비주얼을 자랑하는 리조또 전문점도 있다.

　간판 또한 특별하다. 좋아하는 어느 영화의 이름을 딴 간판, 지번을 그대로
쓴 간판, 보기만 해도 절로 웃음이 나는 간판, 호기심에 끌리는 간판도 보인
다. 이렇게 젊은 소상공인들은 창의적인 발상으로 개성 넘치는 간판으로 공간
을 창출해 내어 도시재생의 모범적인 사례를 만들어 가고 있다.

　전포카페거리는 서울을 비롯한 타지의 젊은 층이 부산에 오면 꼭 가 봐야할

부끄럽지 않은 책들을 나누는 공간이 되고자 차린 동네책방 '북:그러움'

곳으로 입소문을 타고 있다. 특히 맛집 덕후, 커피 덕후, 디저트 덕후, 여행 덕후들이 다녀간 후, 블로그와 페이스북 등 SNS에 방문후기를 올리고 있고, 중국과 일본을 비롯한 외국 관광객의 방문도 끊이지 않고 있다.

신진 작가의 라이브페인팅 퍼포먼스, 디제잉 파티 등의 이벤트를 볼 수 있는 갤러리 카페도 있다. 그 외에도 강아지들과 함께 노는 애견 카페, 만든 빵을 바로 먹을 수 있는 빵집, 추억을 찍는 흑백 사진관, 인테리어가 독특한 의류가게, 네일숍 등이 있어서 오후에 들어가면 해가 저물도록 머무를 수 있다.

공유하고 싶은 책방이 있다. 책방 '북:그러움'이다. 부끄럽지 않은 책들을 나누는 공간이 되고자 차린 동네책방이라 한다. 낡고 허름한 외관과는 달리 내부는 깔끔하게 정돈되어 있고, 조용하다.

김만국 대표는 4년 동안 직장생활을 하며 마련한 해외여행 경비로 책방을 차렸다 한다. 문을 연 지 1년 되었는데 만족한다고 하니 다행이다. 독서, 글쓰기, 영화, 필사, 독립출판제작을 위한 모임이 이곳에서 이루어진다. 김만국 대표는 책을 들여오는 수준을 낯섦과 새로움, 공감과 성숙이라는 네 가지 키워드에 둔다. 책을 통해 자신을 찾아가는 여행을 하기에 적합하다.

'제2의 전포카페거리' 전리단길

요즘 '제2의 전포카페거리'라 부르는 전리단길이 확장되고 있다. 서울 이태원의 '경리단길'에 빗대어 '전리단길'이라고 부른다.

전리단길은 전포카페거리에서 서전로를 건너 부전 119안전센터 다음 골목부터 시작된다. 서면 전포역 부근의 전포대로 223번길을 중심으로 NC 백화점과 전포초등학교 방향으로 새롭게 형성되는 골목 상권이다.

세월의 흔적이 묻어나는 공구상가거리에 드문드문 들어선 카페가 멋스러운 건 왜일까? 공구상가가 그 배경이기 때문이다.

전리단길은 코인 세탁방, 음식점, 옷 가게를 비롯해 개성 가득한 음식점들이 자리 잡고 있다. 독특한 분위기와 호젓함을 즐길 수 있는 카페도 늘어나고 있어 부산을 찾는 외지인들에게 전포카페거리와 함께 급부상하고 있다.

카페와 공구상점이 함께 공존하는 전리단길을 걷다 보니 옛 지명을 딴 간판이 보인다. 인문학 서점인 '책방 밭개'가 보여 반가웠다.

커피 명소 부산커피 박물관

2018년 6월 17일에 개관을 한 부산커피 박물관을 찾았다.

박물관 2층으로 올라가는 계단 벽면에는 커피가 우리 손에 오기까지의 과정을 찍은 사진 자료가 순서대로 전시되어 있다.

"안녕하세요? 커피 박물관입니다. 사진은 마음껏 찍으시면 됩니다. 대신 물품을 만지거나 던지면 안 됩니다."

김동규 관장님의 안내가 재미있다.

문정호 회장과 김 관장의 인연은 김 관장이 '랜드마크 9'를 지을 때 조경공사를 하면서 시작되었다.

양산에서 조경업을 하는 김 관장은 양산 자택에 개인적으로 수집한 커피 그라인더, 로스터, 저울, 커피를 식히는 송풍기(팬), 추출기, 탈곡기, 커피잔 등 커피 제조 기계와 도구 등 커피 물품을 980여 점을 소장하고 있었다. 지인에게 그 사실을 들은 문정호 회장이 자택을 방문해 커피 물품을 보고 말했다.

"이걸 왜 혼자 봅니까?"

다양한 종류의 커피기계들

"혼자 보면 안 됩니까?

"전포동으로 가면 좋겠습니다."

"갈 데가 있습니까?"

"내가 지금 건물을 짓고 있는데 그 건물을 한번 보겠습니까?"

김동규 관장이 건물을 보고 마음에 든다고 하자, 문정호 회장은 임대료는 물론이고 인테리어, 보안, 전기, 유지관리비까지 지원했다.

방문객들은 말한다.

"부산커피 박물관은 왜 무료입장이에요?"

"관리비까지 다 대어 주시는데 제가 입장료를 받을 수가 없죠."

김 관장은 사람 좋은 얼굴로 웃는다.

그는 실제 커피에 관심이 없었다고 한다.

여섯 살 즈음에 별맛도 모르고 어른들이 마시는 커피를 보며 조금씩 홀짝거렸는데 어느 날, 어머니께서 일부러 커피를 엄청 진하게 타 놓았다고 했다. 이 사실을 모르는 어린 김 관장이 그걸 먹고 뱉어 버린 그 순간부터 커피를 한 모금도 마실 수 없다고 한다.

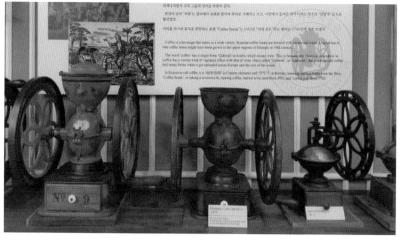

부산커피 박물관에는 커피 물품이 430여 점 정도 전시되어 있다.

그래도 그는 세계의 커피 문화와 역사를 꿰뚫고 있는 커피 전문가다.

지금 부산커피 박물관에는 커피 물품이 430여 점 정도 전시되어 있다. 양산 자택에는 전시하지 못한 커피 물품이 1,000여 점 보관되어 있다고 하니 그는 대단한 수집가다. 커피 물품은 미국·영국·프랑스·이탈리아 등 해외에서 경매 받거나 직접 산 것이며, 지인이나 딜러를 통해서 사기도 했는데 박물관에 전시 중인 물품은 적어도 100년 이상 된 거라 한다.

독일 히틀러가 장병들에게 지원한 커피 그라인더도 있다. 박물관에서 가장 오래된 것은 1600년대 독일에서 나무로 만든 맷돌 그라인더다. 그가 아끼는 물품은 1850년대 포르투갈에서 제작된 대형 주물제품의 커피 그라인더다.

커피 박물관을 방문할 때마다 김 관장 혼자 있다. 종일 목이 쉬도록 설명하고, 다리가 붓도록 서 있지만 그는 사람을 만나고, 커피 이야기를 하는 게 재미있다고 한다.

커피 박물관을 선뜻 내어준 문정호 회장, 자신의 소장품으로 박물관을 열고 무보수로 일하는 김 관장. 이들이 있기에 전포 카페거리의 미래는 밝다.

하루 동안 부산커피 박물관을 제일 많이 찾아오고 방명록에 제일 많은 글을 남긴 게 어느 정도냐고 물었다. 많이 방문한 날은 260여 명 정도이며, 글을 남긴 방문객은 141건이라고 한다. 김 관장은 홈페이지와 SNS를 통해 부산커피 박물관을 다녀간 방문객들과도 소통한다.

부산시에 요청한 박물관 자원봉사자가 하루빨리 지원되었으면 한다.

자신이 가진 것을 함께 공유하고 사람들과 소통하는 것이야말로 진정한 나눔이 아닐까 싶다.

안녕하세요? 커피 박물관입니다. 사진은 마음껏 찍으시면 됩니다.

쁘리야 김 · 사진작가

-

남들보다 늦게 사진을 시작했다.
제때 길을 떠난 사람들보다 더디지만 속도에 조바심을 내지 않는다.
내 속도로 갈 뿐이다.

문화로
통하는 카페

_쁘리야 김

문화공감 '수정'

2018년 8월 폭염이 쏟아지는 어느 여름 날, 밖에서 한참을 기웃거리다 조용히 들어섰다. 대문 안에는 원피스를 입은 젊은 친구들이 서로 사진을 찍어주고 있다. 임권택 감독과 평생 함께 했던 정일성 영화촬영감독의 워크숍이 있던 2016년 11월 어느 날 이곳에 처음 발을 들였다. 일본식 다다미 사이에서 새어나오는 낯선 냄새는 이 집의 독특한 인상이다.

문화공감 '수정'으로 불려지는 '정란각'. 젊은 친구들이 조용조용 앉아 차를 마시고 있다. 일제강점기에 지어진 일본식 가정집이라 하기엔 깨끗하고 단아하다. 나무 대문을 통과하면 작은 마당이 본채를 오롯이 감싸고 있다. 천천히 집을 한 바퀴 돌아본다. 오후의 따가운 햇살이 내 뒷목을 따라 걷는다.

1943년 이 집을 지은 주인은 사업가였단다. 혹여 어떤 정보에는 일본의 철도청장이 사용했던 일본식 목조가옥의 관사로 소개되어 있는데 이는 잘못된 정보니까 믿지 말라고 이곳 관장님이 말씀해 주신다. 역사가 없는 것은 기록이

현재 부산시 동구 홍곡로 75(수정동, 고관입구 수정1동 주민센터 옆)에 위치한 '수정'

부재한 게 아니라 기록 보존에 대한 인식이 부재한 까닭이라고 안타까워하신다. 이 단단하고 야무진 목재들은 집주인이 목수와 함께 직접 일본에서 들여온 것. 보수 공사 때 발견된 상량판에는 사업가인 집주인과 목수의 이름까지 꼼꼼히 적혀 있다. 집주인은 개인집으로 사용할 목적으로 현재의 '수정'과 그 일대에 건물을 지었건만 후에 다른 주인이 이 본관만 두고 나머지는 팔아 버렸다.

해방이 되자 일본 집주인은 돌아가고 50년대에 첫 불하를 받은 사람은 이곳을 개인주택으로 사용했다. 50년대 초, 미군정 시기 이곳은 미군들의 숙소로 사용되었고 2층에는 장교가 묵었다고 한다. 몇 년 후 주인이 두어 번 더 바뀌고 난 뒤 '정란각'이 되었다. 아직도 '수정'보다는 '정란각'으로 많이 알려진 이 일본식 가옥은 근대 산업화시기에는 요정이었던 곳이다. 경제발전으로 룸살롱이 생기고 '정란각'은 쇠퇴의 길로 접어들었다가 일본인 관광객을 대상으로 하는 한정식 요리집으로 바뀌었다. 그 후 다시 빌라가 들어서려고 하는 것을 건물주가 문화재청에 건의해 문화재청이 건물을 매입하게 되었다.

현재 부산시 동구 홍곡로 75(수정동, 고관입구 수정1동 주민센터 옆)에 위치한 '수정'은 문화유산국민신탁, 등록문화재 제330호에 해당한다. 3년 정도 복원공사 작업 후 본채만 남기고 2016년도에 일반인들에게 카페로 오픈했다. 게스트하우스를 계획했으나 목욕시설이 없고 냉난방이 안 되어 게스트하우스는 폐쇄하고 카페로만 운영하고 있다. 카페의 수익은 관리비와 운영보수비로 사용하고 있다. 문화유산국민신탁과 동구 노인복지관의 어르신 일자리 창출과 함께 연계하여 이곳을 운영하고 있다. 문화재청으로 관리되는 국가재산이라 영리보다는 타지방에서 오는 손님들이 편하게 즐기고 자유롭게 사진을 촬영하고 가도록 배려에 신경쓴다. 직접 담근 매실차, 직접 따서 만든 대추차를 엄마나 할머니 같은 분들이 내어주신다.

관장님은 이 공간을 요즘 젊은이들이 드라마나 뮤직비디오를 통해 인식하다 보니 역사적 실재 공간으로 인식하지 못하는 것이 안타깝다고 한다. 처마 밑에도 부식을 방지하기 위하여 동으로 입혀놓았을 정도의 디테일을 뽐내는 일본식 건축미 문화공감 '수정'.

전형적인 일본 가옥의 형태라 굳이 일본까지 가지 않아도 실내 장면은 거뜬히 촬영이 가능하다는 이곳에서는 '허스토리'에서 김희애 변호사가 등장했던 배경이기도 했다. 드라마, 영화, 뮤직비디오, 예능프로그램 촬영 등에 많이 등장했고 최근에는 SNS를 통해 젊은 친구들이 많이 찾아오고 있다고 한다. "아이유 뮤직비디오 어디에서 찍었어요? 하길래 아이유가 그렇게 유명하니? 하니까 아이들이 아이유도 모르냐고 난리를 치더라"며 웃으시는 관장님의 얼굴에는 잔잔한 미소와 당당한 자신감이 배어있다. 익숙했던 '정란각'이라는 이름의 시간들을 뒤에 두고 새로운 '수정'이라는 대문을 바라보며 유난했던 여름을 천천히 빠져 나왔다.

F1963

부산의 카페 중 '테라로사'가 커피 맛도 제일 좋고 환경도 가장 좋더라는 이야기를 한 학생에게서 들었다. 언젠가 강릉의 '테라로사'를 가봐야지 했던 것이 어느새 부산으로 옮겨 왔다. '테라로사'는 수영 F1963에 있다. 1963은 고려제강이 설립된 해이며 'F'는 Factory를 의미한다.

고려제강은 특수선재 글로벌 기업 '키스와이어(Kiswire)'로 1963년부터 2008년 까지 45년 동안 와이어로프를 생산하던 공장이었다. 여기에 2016년 9월 부산비엔날레를 공동 개최함으로써 상업적인 공간에 예술과 문화가 덧입혀졌다. F1963 옆에는 2013년 건립한 고려제강 본사 건물(주차장 포함), 전시·야외 공연장과 홍보관 등을 갖춘 '고려제강 기념관(Kiswire Center)'이 있다. F1963은 본사 건물과 기념관과 아울러 하나의 큰 도심 속 건축 작품이자 문화예술을 통한 기업의 사회공헌을 위한 복합문화 공간이 되었다. 본관을 둘러싼 야외 대나무 숲은 키친 가든과 함께 슬로우 라이프를 위한 도심 속의 작은 숲이다. 대나무 숲을 지나 유리문으로 만들어진 본관으로 들어선다. 유리라는 것은 빛을 통해 내부를 보여주면서 동시에 외부를 반사한다. 이곳의 내외부는 어떨까 궁금하다. 안으로 걸어들어 가면 내부 복도인 연결 브릿지가 나오고 중정을 통과하면 작은 정원 겸 공연 공간이 나온다. 외부를 품은 내부, 내부 안에서 외부와 통해 전체가 내부 겸 외부가 되는 공간. F1963은 그런 곳이다.

카페 테라로사에 들어서자 커다랗고 긴 철제구조물들이 눈에 먼저 들어온다. 철을 이용하여 내부를 꾸민 것이 독특하여 커피 맛보는 것을 잊게 만든다. 내부 바닥과 테이블, 조리대는 공장에서 나온 철과 콘크리트를 재활용했다. 천고가 높고 실내는 아주 멋스럽다. 철과 콘크리트 그리고 자연의 하모니, 거기에 사람과 예술을 얹어 감성공간이 탄생했다. 커피를 마시고 일어나 복도를 따라 걸으니 인터넷 서점 'YES24'의 플래그십 스토어가 있다. 무려 20만 권에 달하는 장서를 보유하고 있으면서도 마치 놀이방 같이 자유롭다. 역시 문화와 예술에 먹거리가 빠지면 섭섭하다. 막걸리의 고급화를 지향하는 울산 전통 가양주 형식의 '복순도가'가 입맛을 다시게 한다. 그 옆에는 전통 체코 맥주를 직접 만드는 양조장 'Praha993'이 있어 부산에서도 유럽의 맥주를 맛볼 수 있다.

F1963는 '와이어 공장에서 문화공장으로(MAKING, SHOWING, CONSUMING)'의 슬로건과 '지성과 문화예술이 만나는 공존의 장(전시+공연+인문+카페)'으로

여러 세대를 아우르고 있다. F1963의 운영은 부산시와 부산문화재단, 고려제
강의 실무진으로 구성된 운영위원회가 맡고 있다. 고려제강은 하드웨어 조성
을 주도하고, 시는 행정·예산지원과 행사유치, 부산문화재단은 문화예술 관
련 콘텐트 개발과 제공을 담당하고 있다고 한다. 상업과 문화 그리고 예술이
함께 숨쉬는 F1963은 부산의 또 하나의 핫플레이스이다.

F1963 주소 부산광역시 수영구 구락로 123번길 20 **HOMEPAGE** www.f1963.org
키스와이어 뮤지엄(고려제강 기념관) HOMEPAGE www.kiswiremuseum.com

브라운핸즈(BROWN HANDS)

2010년 또따또가 입주 시 백산기념관 바로 옆 지금의 '한성 1918'은 청자카페로 유명한 청자건물이었다. 그 건물에서 6년간 작업을 했다. 청자가 역사의 선상에 있는 것처럼 작가의 작업실이 또따또가 역사의 작은 한부분이 되기를 바랐다. 동구 중앙대로209번길 16에 위치한 부산역 맞은편 '브라운핸즈' 역시 청자건물 같은 붉은 벽돌로 지어져 있다. 이곳은 1922년 부산 최초의 근대식 개인병원으로 지어진 백제병원이었던 곳이다. 2012년 근대문화재로 지정되어 약 100년 간 부산을 대표하는 647호 근대 건축물이 되었다. 10년 남짓 병원으로 사용하다가 일본군 관사와 중국 식당, 예식장, 탁구장 등을 거쳐 등록문화재로 지정되었다.

어둑한 실내는 옛 모습을 그대로 간직하고 있다. 내부에는 다양한 화분이 카페의 분위기를 한층 멋지게 만들고 있다. 목재로 된 창틀과 타일의 벽이 이국적이면서도 감성적인 느낌을 자아낸다. 최대한 있는 그대로의 스타일을 살리면서 최소한의 가구와 디테일한 소품이 공간의 멋을 살려내고 있다. 높은 층고, 빈티지한 가구, 군데군데 벗겨지고 낡은 벽은 가구, 조명, 손잡이 등의 소품을 만드는 '브라운핸즈'라는 디자인 회사가 운영하는 곳의 감각과 딱 맞아 떨어진다. '브라운핸즈 백제'는 주변의 흙과 나무 자재를 사용해서 커피 카운터를 마감했다. 미술작가들이 개인전을 열어 문화공간으로서의 역할도 톡톡히 한다. 국제시장 6공구에도 젊은 창업자들과 나란히 '브라운핸즈'가 들어서 있다. 한복 원단을 팔던 가게의 특징을 살려 좌식형 자리도 마련되어 있다.

'브라운핸즈' 회사는 백제병원 외에도 마산에는 차량정비소와 버스차고지를 인수해 운영하고 있다. 동인천 신포동의 '브라운핸즈'도 옛 병원을 인수해 운영하고 있다. 평소 신맛 나는 커피를 좋아하지 않아 '배드 블러드(Bad Blud)'보다 고소한 '다크 리브레(Dark Libre)'를 마신다. 커피를 주문하면 쿠폰에 도장을 하나씩 찍을 수 있는데 완성하면 그림이 만들어진다. 역사에 선다는 것은 늘 감동적이다. 그것이 청자든 백제든 또 다른 그 어디든 미술작품을 감상하며 진한 커피 한잔 할 수 있다면 언제나 더할 나위 없다.

브라운핸즈(BROWN HANDS) 주소 부산 동구 중앙대로 209 번길 16(초량동)
TEL 051-464-0332 **HOMEPAGE** http://www.brownhands.co.kr/

카린(CARIN) 영도 플레이스

스마트폰이 고장 나 마치 지구와 결별하듯 공황증 같은 우울함에 휩싸이던 날, 디지털과는 거리가 멀 것 같은 '카린'을 찾았다. 5층 건물에 인테리어는 여지껏 경험한 적 없는 스칸디나비아의 레트로스타일이란다. 지하에는 스칸디

나이바의 리빙스타일 북유럽 가구가 아기자기하게 장식되어 있다. 판매를 위한 거냐고 물으니 그냥 전시용이란다. 1950~60년대 레트로풍 빈티지한 가구로 꾸며진 지하는 스칸디나비아의 주거 공간을 재현한 곳인데, 스웨덴의 리빙스타일리스트 '미아 라크소넨'과의 협업으로 만들었다고 한다. 1층에는 볼보 클래식카가 실내 인테리어용으로 들어와 앉아있고 부산항대교가 바라보이는 전망이 펼쳐진다. 2층은 '카린 영도 플레이스'의 아이웨어샵이다. 선글라스와 안경을 낀 수지가 영도 카린에 있다. 여기서 선글라스나 안경을 구입하면 덤으로 아메리카노 한 잔 값을 감해준다. 3층은 분홍 공주분위기 소녀취향이다. 아, 나도 소녀였던 적이 있었던가! '카린'이 추구하는 '아름다운 순간을 되살려라(Remind Beautiful Moment)'라는 모토가 마음 한 구석으로 스며든다. 4층은 더욱 미니멀한 느낌의 영화관 같은 풍경이다. 갑자기 눈앞에 들어오는 파노라마 같은 부산 풍경은 기분전환에 제격인 예기치 않은 선물이다. 미처 준비하지 못

한 채 맞닥뜨리는 창밖의 풍경에 놀랄 수밖에 없는 것은 낮고 작은 조명 때문이다. 해가 지면 어둠 속에서 빛나는 것은 부산이다. 조명은 실내를 낮게 비추어 오롯이 야경만 돋보인다. 부산의 야경을 많이 봐왔지만 '카린 루프탑'의 야경은 과히 손에 꼽을 만하다. 함부르크에서 온 독일작가들을 이끌고 부산 야경 투어를 했을 때 이곳에 도착하자 다들 내 손을 붙잡고 데리고 와줘서 고맙다고 말하던 것이 기억난다. 그들은 부산에서의 '아름다운 순간'을 가끔 떠올리고 있을까? 카린은 분명 상업적인 공간임에도 불구하고 빈티지한 가구들과 미니멀한 인테리어가 사람을 아날로그적 감성으로 이끈다.

스웨덴의 대표 원두 브랜드 '다마테오'로 내린 신선한 커피를 한 모금 마실 때에는 내 몸도 영혼도 아날로그적으로 바뀐다. 우리가 아름답다고 느꼈던 그 모든 순간은 과히 아날로그적이었다! '카린'은 심플한 카페 인테리어와 지하의 스칸디나비아 레트로풍의 가구들과 스웨덴식 커피향이 루프탑의 부산 야

경과 어우러져 예기치 못한 감성을 터트리게 한다.

  부산에서 여행을 떠난다. 오래된 먼 시간으로 가본다. 이국적인 것을 만난
다. 한국식, 일본식, 유럽식의 카페는 상품 소비에 문화를 버무린다. 도시 재
생과 맞물려 공간이 새로운 의미로 태어난다. 사람과 자연, 공간이 함께 어우
러져 소통이 된다. 상업성을 배제할 수 없지만 예술을 공유하는 복합문화공간
들의 탄생은 갤러리나 공연장이 부족한 환경에 적지 않은 역할을 하고 있다.
멀리 가는 여행도 좋지만 부산을 돌아보는 여행 또한 추천한다. 사진으로 부
산을 세세하게 담다 보면 어느새 행복이라는 파도가 말 걸어온다.

  지금, 여기보다 더 아름다운 순간을 당신은 아시냐고!

카린(CARIN) 주소 부산광역시 영도구 청학동로 16 (청학동 148-121)
TEL 쇼룸 051) 412-8719, **카페** 051) 413-8718 **사진제공** 카린(CARIN)

이미욱 소설가

-

결코 녹록지 않은 현실의 무게를 견디며 소설을 쓰고 있다.
기억이 마르지 않도록 더 재미있는 이야기를 쓸 수 있도록 사람들 속에서 표류하며 살아간다.

다방을
만나는 시간

_이미욱

이토록 뜨거운 여름날이라니. 뙤약볕 더위가 그칠 줄 모른다. 회색 빌딩은 까맣게 그을려가고 아스팔트는 불덩이처럼 뜨거워지고 사람들의 뺨은 발갛게 익어간다. 바람 한 점 없는 파란 하늘 아래 숨 막힐 듯한 더위를 피해서 어디로든 가야 한다. 이례적인 무더위에 냉방시설이 잘 갖춰진 카페에서 더위를 피하는 것이 새로운 피서지로 떠오른다. 커피를 마시며 공부하고 업무를 보며 동시에 휴식을 할 수 있는 하나의 문화 공간으로 거듭나고 있는 카페. 그 전신이 바로 '다방'이다. 그 시절의 청춘들이 젊음을 향유하고 표출했던 해방의 아이콘, 다방. 이제는 커피 한 잔의 여유와 낭만 그리고 추억이 되어버린 그곳, 다방을 찾아간다.

자갈치역 10번 출구로 나오면 어김없이 갯내와 생선비린내가 반겨준다. 신동아 수산물 종합시장 맞은편 건물 2층에 경복다방이 있다. 낡은 건물의 좁고 가파른 계단을 올라간다. 각 계단마다 경복(흡연실완비), 빨갛고 노란 복주머니 그림 옆에 경복 커피숍이라는 문구가 붙여져 있다. 유리문을 밀고 들어가

유리문을 밀고 들어가자 가벼운 종소리가 울린다.

자 가벼운 종소리가 울린다. 에어컨의 시원한 기운과 함께 어서 오세요! 라는 반가운 인사가 맞아준다.

다방 한가운데에 있는 거울 기둥을 중심으로 탁자와 꽃무늬가 그려진 붉은 소파들이 놓여있다. 혼자 또는 두세 명씩 모여 앉아 있는 손님들은 편안하게 차를 마시며 서로의 시간을 나눈다. 다방 곳곳에 진열된 크고 작은 나무와 화분들은 저마다 싱싱한 자태를 뽐낸다. 커다란 TV에서는 경기 불황과 최저임금 인상으로 실업 상황이 이어지고 있다는 뉴스가 나온다. 다방 계산대로 가서 주문을 한다. 인상 좋은 사장이 웃으면서 자리에 앉으면 주문을 받는다고 일러준다. 다방에서는 카페의 선 결제 시스템이 적용되지 않는다. 적당히 빈자리를 찾아 앉는다.

손님의 취향

"뭐 드릴까요?"

갈색 머리에 웨이브를 한 종업원이(왠지 언니라고 불러야 할 것 같은 기분이다) 쟁반에 물 한 잔을 들고 온다. 탁자 위로 골든블루 양주잔에 담긴 물이 친절하게 놓인다.

"아이스 아메리카노 주세요."

서로 눈이 마주치자 어색한 분위기가 잠시 흐른다. 입버릇처럼 나와 버린 아메리카노가 다방에 있을까. 종업원이 환하게 웃으며 묻는다.

"커피에 프림, 설탕 넣을까요?"

살포시 웃음이 난다. 우유와 시럽이 아닌 프림과 설탕이라니. 오랜만에 듣는 단어가 반갑게 느껴진다. 커피, 프림, 설탕의 환상적인 비율로 조합된 커피믹스는 우리나라 커피의 대명사로 꼽힌다. 세계적으로 인기가 높을 정도로 유명한 커피믹스의 토대는 분명 다방 커피일 것이다. 커피믹스 개발자도 다방 커피를 수없이 마시면서 그 함량을 분석하지 않았을까.

"설탕만 넣어주세요."

다방은 손님의 취향에 맞게 커피를 만들어준다. 커피 원두 생산지, 에스프레소 샷과 우유 종류가 아닌 프림과 설탕으로 손님의 기호와 취향을 반영한다. 다방에는 커피 외에도 메뉴가 많다. 칡즙, 유자차, 꿀대추차, 쌍화차, 생과일주스, 생마즙, 알로에주스, 레몬에이드, 미숫가루, 참외주스. 보기만 해도 건강해질 것 같은 음료들이다. 손님이 자신의 취향과 기분에 맞게 선택할 수 있도록 다채로운 음료를 제공하고 있다.

다방, TIME SLIP

1970년대 생긴 경복다방은 도시화의 거센 물결 속에서 사십 년 동안 그대로 유지해오고 있다. 그동안 주인은 경영난에 따라 세 번 정도 바뀌었다고 한다. 지금 다방 사장은 십 년째 운영하고 있다. 경복다방에서 그 세월을 고스란히 간직하고 있는 것은 무엇일까.

"우리 다방에서 제일 유명한 게 저 공중전화예요. 영화에도 출연했으니 배우나 다름없지."

사장은 자랑스럽게 다방 한구석에 있는 옛날식 공중전화를 꼽는다. 동전을 넣고 숫자 버튼을 눌러야 하는 민트색 공중전화가 제 자리를 지키고 있다. 영화 모비딕에서 황정민이 사용했던 빛바랜 공중전화를 보고 있으니 마치 시간이 과거로 돌아가는 느낌이다.

휴대폰이 생길 것이라고 상상도 못 했던 시절, 남포동 일대의 사장들은 주로 다방에서 비즈니스를 했다. 사무실에서 사장을 찾는 전화가 다방으로 오면

"우리 다방에서 제일 유명한 게 저 공중전화에요. 영화에도 출연했으니 배우나 다름없지."

사장에게 전화를 연결해주는 메신저 역할을 다방이 한 것이다.

"김 사장님, 전화 왔어요! 하면 두세 명이 일어나곤 했다니까. 하하."

다방 사장은 공중전화를 이용했던 사람들을 떠올린다.

"수도 없지. 다방에 올 때까지 기다리겠다고 전화하고, 일이 잘됐다고 또 일이 안됐다고 전화하고, 뭔가 부탁하려고 전화하고. 아무래도 간절하게 전화를 붙들고 있는 사람한테 더 눈길이 가는 법이지. 그 사람 등이 자꾸만 굽어지는 것 같아서 말이야."

그 시절 공중전화는 그야말로 핫라인의 역할을 톡톡히 했던 것이다. 부산 앞바다와 자갈치 시장 앞에 자리한 경복다방은 일대의 소식통이다. 단골손님들의 사정을 훤하게 알고 있어서 사람과 사람을 이어주는 징검다리 역할도 마다하지 않는다. 원양어선 선주와 선원 그리고 일군들이 다방을 찾아오면 그들에게 사람과 일자리를 소개하는 인력사무소의 역할을 한 것이다.

"이제는 뭐 고기도 안 잡히고 경기가 안 좋으니 선주고 선원이고 있나. 소개해주고 싶어도 그런 일이 없지. 다, 호시절 이야기지."

다방 사장은 씁쓸한 표정을 지으며 창밖 너머를 바라본다.

"차나 한 잔, 그것은 이 회색빛 도시의 따뜻한 비극이다, 아시겠습니까? 김 선생님, 해고시키면서 차라도 한 잔 나누는 이 인정, 동양적인 특히 한국적인 미담… 말입니다."

1960년대 발표한 김승옥의 소설 〈차나 한 잔〉의 한 구절이다. 도시적이면서 우회적인 어법으로 역설적 통찰이 담겨 있는 말, '차나 한 잔'. 해고를 하면서 또는 취직을 부탁하면서 절박한 속내를 감추며 '차나 한 잔'하자는 말을 건네는 서늘한 심정은 시간이 지난 지금에도 우리의 형편과 별반 다르지가 않다.

"저 공중전화도 이제 골동품이 되었네요."

아무도 사용하지 않는 공중전화를 물끄러미 바라본다.

"골동품이라니. 지금도 사용할 수 있어. 전화가 된다니까!"

다방 사장은 손사래에 눈이 휘둥그레진다. 공중전화의 수화기를 들어본다.

칡
즙

유
자
차

꿀
대
추
차

쌍
화
차

생
과
일
쥬
스

생
마
즙

알
로
에
쥬
스

레
몬
에
이
드

참
외
쥬
스

바
나
나
쥬
스

이
슛
가
루

우리집 쌍화차를 추억 삼아 오시는 손님도 많아

무겁고 딱딱한 수화기를 통해 나누었던 수많은 이야기가 떠오르자 어느새 가슴이 말랑말랑해진다.

"그때나 지금이나 한결같은 건 우리 마음이야. 우리 집에 오는 손님에게 조금이라도 더 맛있는 거 먹이고 싶은 거지. 우린 재료도 다 국산으로 좋은 거로 써. 찻잔도 세트로 비싼 거로 쓰고. 일회용은 절대 안 써. 요즘 환경문제로 말 많은데 우린 처음부터 안 썼어. 손님한테 대접을 잘 해줘야지 기억하고 또 찾아오거든. 마음은 다하는 만큼 전해지는 거니까. 겨울에 꼭 한번 와요. 제대로 된 쌍화차 맛을 보여줄 테니. 우리 집 쌍화차를 추억 삼아 오시는 손님도 많아."

다방 주인의 온화한 미소와 다정한 말솜씨도 변하지 않는 것 중의 하나일 것이다.

커피, 주방 이모의 손맛

"커피 나왔습니다. 맛있게 드세요."

종업원이 긴 유리잔에 얼음이 동동 뜬 커피를 탁자에 놓는다. 설탕이 약간 들어간 '스위트 아메리카노'. 다방 커피의 맛이 궁금해서 손보다 입을 먼저 내민다.

한 모금 마시자, 입안에 부드러운 커피 맛이 퍼지고 설탕의 달콤함이 혀를 감싸면서 온몸이 시원해지는 기분이다. 진하지도 않고 달지도 않고 쓰지도 않은 맛. 커피와 설탕의 황금비율이 입에 착 달라붙는다. 자꾸만 마시고 싶은 마성의 커피 맛. 그 맛의 주인공은 바로 주방 이모다.

다방의 에이스인 주방 이모는 유명한 바리스타 못지않다. 오랜 기간 경험으로 터득한 노하우와 좋은 재료로 손님의 입맛을 사로잡고 있다. 경륜의 노하우가 깊을수록 누구도 흉내 낼 수 없는 커피 맛은 다름 아닌 주방 이모의 손맛이다.

주방 이모의 손맛은 주방에서 만들어진다. 주방은 손님들이 다 볼 수 있도록 열려있다. 주방의 진열대에는 각종 음료를 담아내는 유리잔과 찻잔들이 보기 좋게 놓여 있고 음료를 만드는 데 필요한 각종 도구들이 정갈하게 정리되어 있다. 이곳 주방을 지키는 이모는 손님이 주문하면 최상의 맛을 위해 솜씨를 발휘한다.

카페에서 주문을 하면 가장 먼저 들리는 것이 에스프레소 기계에서 나는 소리다. 기계의 고압을 통해 빠르게 추출하는 것이 커피의 맛을 살리는 방법인 것이다. 그러나 다방에서는 기계 소리를 들을 수 없다. 그저 이모의 손끝에서 나는 소리만 들릴 뿐이다.

"아무리 기계가 좋다고 해도 사람 손맛을 어디 따라갈 수 있나."

주방에서는 손맛을 최고 가치로 여긴다. 주방 이모의 노하우가 커피 맛에 가장 큰 영향을 미친다. 다방에 단골손님이 줄지 않는 이유도 손맛 때문이다. 좋은 커피보다 더 좋은 것이 맛있는 커피다. 그러나 사람의 입맛을 사로잡기가 어디 쉬운가. 주방 이모에게 힘들지 않으냐고 묻는다. 대답 없이 고개를 젓는 주방 이모의 얼굴에는 미소가 한 가득이다. 주방 이모에게는 수고한다는 말보다 맛있다는 말이 훨씬 더 기운 나게 할 것이다.

단골과 뜨내기, 모두가 손님

다방에 오는 손님이 주로 노인일 것이라는 선입견을 가지고 있다면 버려야 할 것이다. 삼십 대부터 육십 대 분들이 주를 이루고 있기 때문이다. 가까이에 자갈치와 신동아 시장이 있어서 단골손님부터 뜨내기손님까지 두루 찾아오고 있다.

"아이고 대라, 힘들어 죽겠네."

뽀글 파마를 한 아주머니가 들어와 에어컨 앞자리에 풀썩 주저앉는다.

"언니 왔나. 언니야 여기 앉아라. 거기 좀 있으면 춥다니까."

"됐다 마. 더워 죽겠구만."

"아유, 언니 또 와 그라노. 사춘기 애처럼."

"몰라. 내 커피 한 잔 도고."

단골손님과 종업원이 투닥투닥 주고받는 이야기가 알콩달콩하게 들린다.

"이모, 여기 시원한 블랙 한 잔이요."

단골손님이 마시는 음료를 기억하고 대신 주문하는 종업원의 센스가 만점이다. 단골손님이 오면 서슴없이 합석해서 서로의 안부를 전한다. TV에서 나오는 소리를 들으면서 세상 사는 이야기도 함께 나눈다.

"안녕하세요. 사장님, 오랜만에 오시네요."

다방 사장이 반갑게 인사한다. 간간이 다방을 찾아오는 손님 같다. 나이가 지긋해 보이는 아저씨가 우산을 들고 있다.

"아유, 안 잊고 우산도 챙겨오셨네."

비 오는 어느 날, 사장이 아저씨에게 우산을 빌려준 모양이다. 아저씨는 싱긋 웃으며 자리에 앉아 미숫가루를 주문한다. 사장은 날씨 이야기를 하며 아저씨의 말동무가 되어준다.

"잘 마시고 갑니다."

다방 창가 쪽에서 차를 마시고 있던 젊은 남자 두 명이 일어난다. 주인은 계산하는 손님에게 파이팅 하라며 인사를 건넨다.

또 다른 창가쪽 자리에는 50대로 보이는 아주머니들이 앉아 있다. 여유롭게 차를 마시며 끊임없이 얘기를 주고받는다. 화기애애한 분위기 속에서 두 명이 슬며시 자리에서 일어난다. 그들은 작은 파우치를 들고 흡연실로 들어간다.

"우린 흡연실에도 에어컨을 틀어 놓잖아. 더운데 시원하게 담배 피우라고. 요즘 흡연자들 홀대받잖아."

사장은 눈을 찡긋하며 말한다. 흡연자까지 배려하는 마음 씀씀이를 엿볼 수 있다.

사장은 근래에 기억나는 손님에 대해 말한다.

"서울에서 어찌 알고 젊은 여자 손님 네 명이 왔어. 다방 여기저기 구경하다가 그만 잔을 깬 거야. 우리야 속상해도 손님이 갑인데 뭐라 할 수 있나. 안 다쳤는지 물어보고 우리가 다 치웠지. 커피도 다시 한 잔 주고. 그러니까 정말 고맙다면서 우리한테도 차를 사주는 거라. 오고 가는 차 한 잔에 살맛이 나는 거지."

사장의 얼굴에 웃음꽃이 가득하다. 살맛 나는 일, 그것이야말로 우리가 세상을 살아가는 이유일 것이다.

다방에서 손님들은 차 한 잔을 마시면서 추억을 나누고 사랑의 아픔을 달래고 세상살이에 지친 마음을 위로한다. 손님의 시간을 넉넉하게 해줄 수 없지만 편안하게 속삭이며 웃을 수 있는 곳이 바로 다방이다. 그곳에는 시절의 추억이라는 소중한 자산이 있고 복고라는 문화적 코드가 있어서 사람들의 발길이 끊어지지 않는 것이다.

"우리는 특별한 거 없어. 바쁘고 정신없이 돌아가는 세상에서 한 시름 놓고 차 한 잔 편안하게 마시면서 잡담하는 곳으로 만족해. 좀 더 보태면 부산 자갈치 오는 사람들에게 만남의 장소로 기억되면 좋겠네."

사장의 말 속에서 자갈치에 대한 남다른 애정과 다방에 대한 애틋한 마음을 느낄 수 있다.

저녁 시간이 가까워지자 손님들이 하나둘 자리를 비운다. 종업원이 주섬주섬 자리를 정리한다.

"손님이 없을 때 청소를 해놔야지. 항상 청결한 상태로 손님을 맞아야 하니까."

계산대 주변을 정리하는 사장의 손매가 야무지다. 다방을 나서자 사장은 다음에 또 오라며 다정한 인사를 건넨다. 좁은 계단을 내려와서 고개를 들어 다방을 올려다본다. 손님을 맞이하기 위해 환하게 밝혀놓은 불빛. 다방의 불빛은 언제나 환할 것 같다.

부산문화재단 사람·기술·문화총서 ⑤

추억을 마시다 공간에 스며들다 부산의 다방

ⓒ 2018, 부산문화재단

초판 1쇄 발행	2018년 12월 28일
기획	부산문화재단 기획홍보팀
발행처	부산문화재단
	48543 부산광역시 남구 우암로 84-1 (감만동)
	T 051)744-7707 F 051)744-7708 www.bscf.or.kr
글쓴이	강동수 강영순 김광식 김대갑 김민혜 김옥균 동길산 문성수 박승환 쁘리야김 이미욱 이상길 이정화 주경업 황미숙
편집위원	강동수, 김대갑, 동길산, 쁘리야김, 홍동식
책임편집	박승환, 안혜민
디자인	멤피스(MEMPHIS)
	T 051)248-7262 F 051)248-7232
제작 및 유통	도서출판 호밀밭
출판등록	2008년 11월 12일 (제338-2008-6호)
	부산광역시 수영구 광안해변로 294번길 24 B1F
	T 070)7701-4675 F 0505)510-4675 homilbooks.com